멘토링
목회
리더십

전교인 한마음 공동체 구축

멘토링 목회

리더십

류재석 지음

이 책은 오늘날 하이테크(Hightech) 목회와 하이터치(Hightouch) 멘토링과 접목하여 전교인 한마음 공동체 시스템을 구축하고자 멘토링 체험학습 목회 Plan 차원으로 저술되었다.

　　이 책의 내용은 인격, 행복, 희망, 동행이라는 4가지 주제를 설정하여 교회 4가지 영역과 결부하여 1) 일반개인을 위한 인격개발 Plan, 2) 교회교인을 위한 행복개발 Plan, 3) 교회조직을 위한 희망목회 Plan, 그리고 4) 지역주민을 위한 동행목회 Plan으로 구성되었다. 마지막으로는 목회자 리더십 개발 차원에서 특강과 멘토개발 방법 Best-5를 추가했다.

　　이 책의 특징은 각 영역마다 성경 Best 모델 한 사람, 경영 Best 모델 한 사람씩을 사례로 소개했고 다음은 체험 학습방법으로 교육과정 체험학습, 12개월 미팅활동 체험학습, 그리고 현장학습 체험학습을 다루었다.

Ⅰ. 이 책의 서문(Preface)

오늘날 우리 사회는 그동안 산업사회 체제 아래서 소품종 다량(Mass) 생산이라는 여파로 하이테크 교육, 하이테크 경영, 하이테크 목회에 편중되어 좁은 인격체제 속에서 제도권 교육의 붕괴, 조직 구성원의 인간성 상실 그리고 지도자들의 윤리리더십 상실로 심각한 후유증에 시달리고 있다.

금번 이 책의 저술은 인격프로그램을 넓은 차원으로 개발하여 인간성과 윤리성을 회복하고 전교인 한마음 공동체 구축을 위한 체험학습 Plan을 목적으로 저술되었다.

첫째, 3개 체험학습 과정별 3－Step 방식으로 각기 교육과정, 미팅 활동 과정, 현장답사로 체험학습 프로그램을 진행한다.

Step 1. 교육과정 체험학습: 먼저 멘토와 멘제가 1:1로 한 쌍을 이루어 기본적인 멘토링 교육과정을 수강한다.

Step 2. 미팅활동 체험학습: 두 번째는 두 사람이 12개월 멘토링 활동을 전개한다. 개인의 활동목표와 조직의 활동목표 달성을 위하여 주간이나 월간 등 정기적으로 미팅을 습관적으로 갖는다.

Step 3. 현장답사 체험학습: 세 번째로 12개월 멘토링에서 친목 및 자율학습 차원에서 월간 · 계간으로 두 사람 개인 간 현장답사와 멘토링 쌍 전체 그룹으로 현장답사를 진행한다.

둘째, 4개 주제인 인격, 행복, 희망, 동행을 선정하여 4개 영역인 일반개인을 위한 인격개발 Plan, 교회교인을 위한 행복개발 Plan, 교회조직을 위한 희망개발 Plan, 그리고 지역주민을 위한 동행 개발 Plan을 다루어 개인, 교인, 교회, 지역을 통합시스템으로 다루었다.

영역 Plan 1. 일반개인을 위한 인격개발 Plan

교회나 직분에 관계없이 교인, 가족, 지역주민을 대상으로 원하는 자에게 인격개발 프로그램을 적용하여 멘토링 인격개발 Plan을 진행한다.

영역 Plan 2. 교회교인을 위한 행복개발 Plan

교회교인을 대상으로 멘토링 행복 프로그램을 적용하여 가정의 아버지/어머니를 통한 행복 시스템을 교회에서도 인간성(멘토)과 생산성(직분자)의 균형 목회로 교인의 멘토링 행복개발 Plan을 다룬다.

영역 Plan 3. 교회조직을 위한 희망개발 Plan

교회라는 조직을 대상으로 미래 희망을 주제로 목회자를 통하여 전교인 한마음 공동체 구축 멘토링 희망개발 Plan을 진행한다.

영역 Plan 4. 지역주민 동행개발 Plan

지역주민을 상대로 아름다운 동행프로그램을 적용한다. 특히 교회소속 각 지역에서 그리스도의 문화 공동체 구축을 위하여 노년층, 청소년층 등 봉사, 지원, 장학, 복지 등에 구체적인 멘토링 동행 Plan을 진행한다.

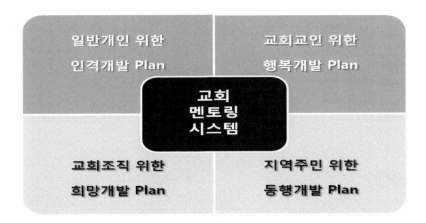

Ⅱ. 이 책의 내용(Contents)

Part 1. 인격개발 목회 Plan

이 코너는 일반개인을 위한 인격개발 실행 프로그램이다. 오늘날 우리 사회는 그동안 산업사회 여파로 하이테크교육, 하이테크경영, 하이테크목회에 편중되어 좁은 인격체제 속에서 제도권 교육의 붕괴, 조직 구성원의 인간성 상실 그리고 지도자들의 윤리리더십 상실로 심각한 후유증에 시달리고 있다.

인격개발 목회 Plan은 인간성과 윤리리더십을 인격프로그램을 바탕으로 회복하고자 하는 것으로 특히 이 파트에서는 성경에서 인격모델과 경영에서 인격 모델을 참고로 인격개발 3단계 체험학습 프로그램과 인격적인 의사결정 5단계를 소개한다.

제1장 성경에서 Best 인격모델
제2장 경영에서 Best 인격모델
제3장 인격개발 체험학습 Plan
　　　 인격체험 1. 교육과정 체험학습
　　　 인격체험 2. 미팅활동 체험학습
　　　 인격체험 3. 현장답사 체험학습
제4장 목회자 인격개발 특강

Part 2. 행복개발 목회 Plan

이 코너는 교회교인을 위한 행복개발 실행프로그램이다. 이 세상에서 가장 행복한 조직은 가정이다. 특히 교회에서는 가정을 하나님이 주신 천국의 모델이라고 한다. 가정이 행복한 것은 엄한 아버지와 따뜻한 어머니의 균형 있는 역할분담 때문인 것이다.

멘토링 교회행복 Plan은 이러한 가정의 원리를 교회에 적용하여 교회에서 목회자와 직분자가 목회 생산성(Productivity)으로 아버지와 같이 강하게 성장을 추진하고, 교회 멘토는 인간성(Humanity)으로 어머니와 같이 따뜻하게 살펴줌으로써 균형 있는 목회로 교인의 만족감과 행복감으로 교회의 효율성까지 동시에 확보할 수 있는 실행 프로그램이다.

제1장 성경에서 Best 행복모델
제2장 경영에서 Best 행복모델
제3장 행복개발 체험학습 Plan
　　　행복체험 1. 교육과정 체험학습
　　　행복체험 2. 미팅활동 체험학습
　　　행복체험 3. 현장답사 체험학습
제4장 목회자 행복개발 특강

Part 3. 희망개발 목회 Plan

이 코너는 교회조직을 위한 희망개발 실행프로그램이다. 희망개발의 의미는 균형가치로서 물질가치와 정신가치의 조화를 의미한다. 지금까지 한국교회는 성과목회 위주에서 물질적 성장가치에 편중함으로써 심각한 정신적·윤리적 상실 후유증으로 위기를 맞고 있는 것이다.

이제는 바로 멘토링의 인간성 프로그램인 하이터치(Hightouch) 방법으로 특히 목회자가 앞장서서 정신가치 목회를 지향하고 먼저 영혼을 살찌게 하는 구원 중심의 올바른 목회 회복이 급선무인 것이다.

멘토링 전문인력을 양성하여 올바른 멘토링 프로그램을 도입하고 특히 멘토에게 위임 리더십을 발휘할 수 있도록 하여 큰 목사인 담임목사와 작은 목사인 멘토와의 균형목회 시스템으로 희망찬 교회 건설에 힘을 모아야 한다.

제1장 성경에서 Best 희망모델
제2장 경영에서 Best 희망모델
제3장 희망개발 체험학습 Plan
      희망체험 1. 교육과정 체험학습
      희망체험 2. 미팅활동 체험학습
      희망체험 3. 현장답사 체험학습
제4장 목회자 희망개발 특강

Part 4. 동행개발 목회 Plan

이 코너는 지역주민을 위한 동행개발 실행 프로그램이다. 멘토링 동행 목회 Plan의 의미는 타인을 배려하는 마음에서 이기주의에서 이타주의로의 균형주의를 의미한다. 특히 지역주민과 멘토와 멘제로 연결되어 신뢰와 존경으로 한마음 동행을 이루는 것은 이웃사랑을 실천하는 가장 아름다운 기독교 정신이다.

이 한마음 동행 프로그램은 먼저 교회 직분자들이나 대학생 봉사대원들이 멘토 프로젝트에 참여하여 지역주민 중에서 특히 청소년 멘토로, 그리고 노년층 멘토로 봉사하는 것으로 교회와 지역사회를 하나로 묶는 든든한 인간벨트(Human Belt) 역할을 하는 것이다.

제1장 성경에서 Best 동행모델
제2장 경영에서 Best 동행모델
제3장 동행개발 체험학습 Plan
      동행체험 1. 교육과정 체험학습
      동행체험 2. 미팅활동 체험학습
      동행체험 3. 현장답사 체험학습
제4장 목회자 동행개발 특강

Part 5. 멘토개발 방법 Best 5

이 코너는 멘토링에서 가장 중심적인 역할을 감당할 멘토에 관하여 체계 있게 개발하는 5가지 방법을 다루었다. 멘토는 우리가 쓰고 있는 은유적 용어인 스승 (Mentor)이라는 말의 기원이다. 모든 묘사적인 언어처럼 멘토는 사람들에 따라 각기 다른 의미를 가진다. 멘토는 주인, 인도자, 본보기, 지도자, 선생, 아버지 같은 사람, 트레이너, 가정교사, 조언자, 상담자, 코치일 수 있다. 그리고 그 외에도 더 많은 가능성이 있으므로 멘토의 역할의 정확한 정의는 인간경영을 주도하는 리더 (Leader), 즉 포괄적인 존재라고 말해야 할 것 같다.

제1장 멘토개발 의미
제2장 멘토개발 실무
제3장 멘토개발 기술
제4장 멘토개발 지원
제5장 멘토개발 관리

Ⅲ. 이 책의 출간 감사(Thanks)

멘토링 코리아 설립 당시(1998.2.1.) Bob Biehl 박사(美 멘토링전문가)와 William Gray 교수(加 브리티시 대학)로부터 전화, 이메일, 책자 등의 귀중한 자료를 제공받은 것에 대하여 진심으로 감사를 드린다.

초창기부터 한국적인 정서에 맞는 올바른 이론 정립과 생산성 확보에 필수적인 실행 프로그램을 개발하는 데 전문연구원으로 동참한 민홍기 박사, 김영회 박사, 최창호 박사, 최명국 박사, 탁충실 위원 그리고 최근에 합류한 김순환 박사, 이제빈 박사, 한광훈 박사, 김해영 박사, 조병용 박사, 김동철 박사, 김성일 군목, 조주영 박사, 안만수 박사, 전종현 위원, 박화현 위원, 문일상 위원에게 감사를 드린다.

멘토링 자격증을 취득하고 전문업체로 멘토링 보급에 파트너십을 하고 있는 김호정 원장(멘토링솔루션), 이용철 원장(한국멘토링코칭센터), 나병선 대표(멘토링코리아컨설팅), 홍은경 소장(핸즈코리아), 이영남 대표(SMI KOREA)와 신정범 목사(큰비전교회), 이순길 목사(수원 소망교회) 등 현장에서 멘토링 보급에 앞장서고 있는 68명 멘토링지도사에게 감사를 드린다.

멘토링 불모지 한국에서 정부기관 도입에 앞장선 노동부 정원호 서기관, 농림수산부 신경순 사무관, 지식경제부 김영화 서기관, 행정안전부 이정래 서기관, 그리고 교육과학기술부 임용우 팀장, 한국장학재단 이경숙 이사장님께 감사를 드린다.

멘토링은 저자에게 하나님이 25년 만에 기도의 응답으로 주신 선물(Gift)이다.

이에 감사하는 마음으로 멘토링에 열정을 가지고 다이아몬드와 같은 고품질의 프로그램으로 개발하여 1) 하나님께 영광, 2) 조직개발에 기여, 그리고 3) 많은 사람에게 유익을 주어(고전 10:31~33) 하나님의 은혜에 보답하고자 한다.

저자의 멘토로서 8년간 저자에게 청교도 삶을 각인시킨(1980~1988) 故 김용기 장로님(가나안농군학교설립자)과 대를 이어 멘토링 관계를 이어 오고 있는 김평일 가나안농군학교교장께 감사를 드린다.

이번 책은 그동안 저자의 기도의 응원군인 서현교회 김경원 목사님과 성도님들, 그리고 저자의 에너지 근원이 된 아내 임금자를 포함한 가족 류환·류현, 한현숙, 류경헌, 류나안, 안성훈, 류지영, 안서연 모두에게 감사를 드린다.

마지막으로 어려운 여건 속에서도 기꺼이 출판을 맡아 수고해 주신 한국학술정보(주) 임직원님들께 심심한 감사를 드린다.

2011. 03. 09.

류재석 드림

Contents

1부
인격개발 목회 Plan

이 코너는 일반개인을 위한 인격개발 실행 프로그램이다. 오늘날 우리 사회는 그동안 산업사회 여파로 하이테크 교육, 하이테크 경영, 하이테크 목회에 편중되어 좁은 인격체제 속에서 제도권 교육의 붕괴, 조직 구성원의 인간성 상실 그리고 지도자들의 윤리리더십 상실로 심각한 후유증에 시달리고 있다.

인격개발 목회 Plan은 인간성과 윤리 리더십을 인격 프로그램을 바탕으로 회복하고자 하는 것으로 특히 이 파트에서는 성경에서 인격모델과 경영에서 인격 모델을 참고로 인격개발 3단계 체험학습 프로그램과 인격적인 의사결정 5단계를 소개한다.

제1장
성경에서 Best 인격모델

1. 모세/여호수아 성경 인격모델 소개

1) 인격목회 플랜

위대한 인격이란? 자기 존재의 가치를 극대화하는 것으로 모세는 하나님을 설득시키는 기도로 운명을 같이하는 백성들을 위해 중보기도를 드림으로써 자신의 모든 가치와 존재를 인격적으로 드러내었다. "이 백성을 용서 하옵시고 제 생명을 거두어 주옵소서." 오늘의 세대에게서도 모세와 같은 위대한 인격자를 목회 현장에서 실체를 볼 수 있을 것이다.

멘토링에서 인격목회는 둘이서 하나 되어 인격을 넓혀 한마음 공동체를 구축하는 목회 Plan이다.

2) 모세는 왜? 인격적인 모델인가?
(1) 인격적인 멘토들의 도움으로 인격적인 지도자가 되었다.

요게벳, 바로공주, 이드로 등 인격(知·情·意)적인 멘토들의 전인적인 도움으로 인격적으로 존경받는 이스라엘의 지도자로 추대되었다.

* 요게벳 멘토: 어머니로서 신앙, 민족 등 정(情)서적인 면을 보완했다.
* 바로공주 멘토: 애급의 법도와 궁중생활의 지(知)식적인 면을 보완했다.

* 이드로 멘토: 장인으로서 위임 리더십 등 의(意)지적인 면을 보완했다.

(2) 모세의 위임리더십으로 각 부장을 인격적으로 선발했다.

이드로 장인의 조언으로 10부장, 50부장, 100부장, 1,000부장 등 재덕(才德)을 겸 전한 인격적인 인재개발에 성공했다.

(3) 모세는 여호수아를 인격적인 관계 속에서 후계자로 세웠다.

이스라엘 지도자로 오랜 세월 고락을 함께한 여호수아를 모세의 인격적인 멘토 링 후계자로 선임하여 하나님의 가나안 회복 프로젝트가 성공적으로 실현되었다.

모세와 여호수아

이스라엘 지도자로서 탁월한 모세의 리더십은 그 배후에 멘토링이 깊숙이 자리 잡고 있음을 엿볼 수 있다. 모세의 종합 멘토링은 오늘 날 멘토링의 성경적 모델로 그 가치를 높게 평가해도 전혀 손색이 없다.
우선 아래와 같이 유년시절, 소년시절, 청년시절, 장년시절에 모세 를 도운 네 사람 멘토와 노년시절에는 모세가 후계자인 여호수아 멘토로서의 역할을 소개해 보기로 하자.

2. 모세 인격개발 모델들

1) 멘토 1. 어머니 요게벳은 유년시절에 하늘나라 법으로 모세를 살렸다.

첫째는 유아시절에 어머니 요게벳과의 멘토링을 들 수 있다(출 2:1~10 11:23). 요게벳은 당대 애굽의 법률을 어기면서 어린 모세를 3개월 동안이나 몰래 길렀고 갈대상자에 넣어 나일 강에다 띄우면서도 소망을 잃지 않고 미리암을 보내 망을 볼 수 있도록 지혜롭게 행동을 했음을 볼 수 있다. 어린 모세를 품에 안은 요게벳 의 무언의 모성애는 부모와 자녀관계 속에서 1:1 멘토링 관계가 지속되었음을 알

수 있다.

2) 멘토 2. 바로공주는 소년시절에 모세가 애굽의 학문을 통달하도록 했다.

둘째는 청소년 시절에 바로 공주와의 멘토링 관계이다(출 2:10, 행 7:22).

나일 강에서 갈대상자에 띄운 아기 모세를 발견한 바로 공주는 참으로 큰 용단을 내린 것을 볼 수 있다. 히브리 아이임에도 양자로 삼아 바로 궁궐에서 왕자교육을 제대로 시킴으로 "모세는 애굽사람의 학술을 다 배워 그 말과 행사가 능하더라(행 7:22)"는 말씀에서 기적적인 바로 공주와 40여 년간의 멘토링 관계를 읽을 수가 있다.

3) 멘토 3. 형님 아론은 청년시절에 모세의 언어 부문을 보완해 주었다.

셋째는 멘토인 아론과의 멘토링 관계이다(출 4:10, 14, 28). 형 아론은 '입이 무겁고 혀가 굳어 말을 잘 하지 못하는' 모세를 대신하여 모세의 대변자 노릇을 했다고 전한다.

아론은 이스라엘 최초의 제사장이며 모세의 3세 연장 형이었다. 입이 둔한 모세를 도와 대언하고(출 4:10) 지팡이로서 모세의 명을 따라 바로 앞에서 이적을 행하였다(출 7:19).

4) 멘토 4. 장인 이드로는 청장년시절에 모세의 리더십 개발을 도왔다.

아랍부족의 추장이며 시내반도 미디안의 제사장이다. 또 모세의 장인이다. 모세가 애굽에서 우발적인 살인을 하고 도망치는 도중 양을 보살피고 있던 그의 일곱 딸들을 도운 것이 계기가 되어 그중 십보라와 결혼했다. 그리고 약 40년 동안 장인 이드로의 양 무리를 쳤다.

① 가정－딸 십보라와 결혼하여 안정된 가정을 이루게 했다(출 2:15~22).
② 직업－미디안 광야에서 40년간 양치는 목동으로서 삶의 바탕을 만들어 줬다(출 3:1~4).
③ 지도자－모세에게 재판제도를 조언해 주어서 천부장, 백부장, 오십부장, 십

부장을 세우도록 하였다(출 18:19~23).

3. 여호수아의 전인적 멘토로서의 모세

여호수아는 에브라임 사람 눈의 아들이다(민 13:8, 16). 모세의 후계자로서 이스라엘 백성을 애굽에서 가나안으로 인도한 이스라엘 모세 다음의 지도자다(출 17:8~16, 34:9). 한편 그는 모세 후계자로 14년 동안 가나안을 정복하고 110세를 일기로서 생을 마감했다(수 24:29~30).

모세와 여호수아는 멘토링의 좋은 모델이다. 하나님께서는 이스라엘의 차기 지도자를 위해 모세를 멘토로 삼아 여호수아를 오랫동안 준비시키셨다. 모세는 여호수아를 회막, 지성소, 시내산 등으로 데리고 갔고(출 24:9~18, 33:7~11), 하나님의 말씀을 직접 가르치고 전했으며(출 17:14, 수 1:18), 때때로 개인적으로 지도하였다(민 11:28~30).

또한 여호수아는 지도자로서의 모세를 사역의 멘토로 삼아 그의 행동 하나하나를 눈여겨보면서 배웠다(출 32:15~35). 그 결과 여호수아와 모세는 유사점이 많았다. 이러한 유사점은 여호수아에게 끼친 모세의 멘토링의 영향이다.

4. 모세와 여호수아의 인격적인 관계평가

1) 멘토 모세의 전인적인 서비스와 성과

인격	멘토 모세의 전인적인 서비스	여호수아의 성과
전문 知	1. 탐정: 가나안 탐정을 하도록 하다.	1. 후계자: 모세의 후계자로 인정받다.
정서 情	1. 개명: 이름을 바꾸어 주었다. 2. 안수: 모세 후계자로 안수 받게 하다.	2. 정복자: 가나안을 정복했다. 3. 승리자: 아말렉 전쟁 승리자가 되다.
의지 意	1. 계시: 모세가 산상에 동행하여 계시 받다. 2. 후계: 모세의 후계 지도자로 선포하다.	4. 리더십: 모세 이후 이스라엘 미래 지도자로 인정받다.

2) 멘토 모세의 전인적인 영향력 평가표

구분	평가진단도구	만점	득점	감점	평점
인격	두 사람은 인격적인 관계가 이뤄졌는가?	20	20		20
다수	얼마나 다수의 멘토가 동원되었는가?	10	5		5
역량	멘토의 지식, 기술, 운동, 학문 등 역량을 전부 전수해 주었는가?	20	20		20
리더	자기 분야에 최고의 리더로 성장했는가?	20	20		20
위대	멘토 자신보다 위대하게 성장했는가?	20	15		15
후계	도움받은 여호수아 후계자를 양성했는가?	10	0		0
합계		100	80		80

3) 모세의 여호수아 후계자 멘토링 장면

① 모세는 가나안 정탐 12명 중 긍정적인 여호수아를 후계자로 선택했다.

② 모세가 여호수아를 자신의 후계자로 전인적 · 체계적인 멘토링을 하였다.

③ 많은 장군 중에 여호수아를 종자로 여기고 1:1로 멘토링 모범을 보여 줬다.

④ 여호수아는 모세를 아버지처럼, 하나님처럼 온 삶을 통하여 섬기고 따랐다.

⑤ 하나님의 가나안정복 프로젝트가 두 사람의 성공적인 멘토링으로 실현되었다.

1. Steve Jobs[1] 경영 인격모델 소개

1) 인격경영 플랜

Apple 사의 Steve Jobs는 라이벌 업체를 멀리 따돌리고 작년 말 기준 I-Phone을 9,000만 대 판매로 450억 불의 매출을 올렸다. 예상을 따돌린 그의 창의경영과 특히 앱개발 업체와 인격관계를 유지하면서 Win-Win 동반성장 전략이 성공한 것이다. 금번 2011년 멘토링코리아에서 인격 멘토모델로 선정한 이유는 아래 내용을 참고로 했다.

1. 지(知) - 전문적인 부문, 2. 정(情) - 정서적인 부문, 3. 의(義) - 의지적인 부문.

멘토링에서 인격경영은 주어지는 것이 아니라 두 사람이 하나 되어 인격을 개발하고 넓히는 것이다.

2) 왜? Steve Jobs 회장은 경영인격 모델인가?

(1) 스티브 잡스는 출신배경에서 인간성을 몸에 지녔다.

스티브 잡스는 미혼모 출생으로 입양을 거치는 등 불우한 출발을 하였고 대학에서는 철학과 서책을 전공하였다. 인도에서 학문연구와 일본에서 선불교를 깊이 연구하는 등 인문학에 깊은 큰 관심을 가졌다.

---

1) 한국과학기술정보연구원(2010년) 이정수 학술논문에서 발췌

(2) 스티브 잡스는 협업관계에서 인격적인 대우를 해 주었다.

앱 개발업체 등 종전의 하청업체(Susidiary Company) 스타일에서 동반자 스타일인 협업(Collaboration)관계로 바꾸고 분배비율을 50:50의 비율에서 30:70으로 동반성장의 모델로 인정받고 있다.

(3) 기술과 인문학 균형경영－스티브 잡스는?

오늘날 그는 유달리 경영에서 '직관의 힘', '초심'을 주장하면서 "우리는 기술을 개발하는 것이 아니라 더 나은 세상을 만드는 것입니다."

"오늘날 애플의 비즈니스는 기술과 인문학의 교차점입니다"라고 발표했다. 바로 Hightech와 Hightouch의 균형경영으로 인격(Personality Plan)의 바탕이 되는 것이다.

2. Steve Jobs의 Profile

Steve Jobs(55)는 미국 IT산업인 Apple사를 창업하여 MS를 창업한 Bill Gates와 동년배로서 서로 간 경쟁하면서 세계 IT산업의 창의적인 CEO로 인정받고 있다. 특히 금번 I－Pod, I－Phone, I－Pad 개발로 경영 차원에서도 난공불락이었던 MS의 시가 총액을 넘어섰다.

출생: 1955년 2월 24일(미국 샌프란시스코)
학력: 리드대학(중퇴)
경력: 1976: 애플사 창립
　　　1986: 픽사 인수
　　　1985: 넥스트 설립(애플사 퇴사)
　　　1997: 애플사 복귀
　　　2001: I－Pod 출시
　　　2007: I－Phone 출시
　　　2010· I－Pad 출시

3. 창의적인 경영 멘토모델 소개

잡스는 독특한 철학만큼이나 인생 역정도 남다르다. 1955년 미국 샌프란시스코에서 미혼모의 아이로 태어난 그는 친모의 얼굴도 모른 채 한 부부에게 입양된다.

그는 특히 전자 장치에 관심이 많았다. 그런 관심이 최고조에 달했던 1976년 21세의 나이에 친구 스티브 워즈니악과 함께 차고를 사무실로 개조하여, 지금의 애플을 설립하게 된다. 이어 1977년에는 세계 최초의 개인용 컴퓨터(PC)인 '애플 II'를 세상에 내놓는다. 당시는 IBM으로 대표되는 대형 컴퓨터만 있던 시절. 사람들은 그 작은 컴퓨터를 보고 충격을 받지 않을 수 없었다. 잡스는 성공 가도를 탔고 회사 설립 4년 만에 억만장자의 반열에 오른다.

하지만 그에게도 위기가 닥치기 시작한다. 잡스의 독선적인 경영방식에 불만을 품은 이사회가 1983년부터 그에게 경영권을 주지 않으려 한 것이다. 잡스는 차선책으로 경영의 귀재인 존 스컬리 펩시 사장을 영입한다. 당시 잡스가 스컬리에게 "정말 중요한 일을 할 수 있는데 설탕물이나 팔며 남은 인생을 허비할 것이냐"고 한 말은 미국 비즈니스 역사에 전설이 된 에피소드이기도 하다.

잡스는 2001년에 I-Pod, 2007년에 I-Phone 그리고 최근 2010년에 I-Pad를 출시하였고 그리고 기적적으로 Microsoft사의 시가총액을 넘어서 명실공히 IT산업의 황제로 등극했다.

그는 췌장암을 극적으로 회복한 후 2005년 스탠퍼드대학 졸업 축사에서 이렇게 말했다. "매일매일을 인생의 마지막 날처럼 살아가십시오. 항상 갈망하고 언제나 우직하게(Stay hungry, stay foolish!)…." "우리는 기술을 개발하는 것이 아니라 더 나은 세상을 만드는 것입니다."

4. 인격 멘토모델 영향력 평가

우리 사회에서 지도자들은 누구나 멘토가 될 수 있고 또한 되어야 한다. 그러나 멘토의 자질은 먼저 인격을 갖춘 자로서 주변에서 존경받는 사람이어야 한다. Steve Jobs의 멘토로서의 영향력을 아래 인격테스트에 의거하여 소개해 보도록 하겠다.

인격	영향력	세부사항	비고
지: 知	전문분야 지식 기술 정보 노하우	1) 그를 '세상에서 가장 창의적인 경영자, 경제에 디자인의 개념을 도입한 인물, 디지털 혁명가, 몽상가, 과거 실패 딛고 성공한 자, 괴짜…'라고 평한다. 2) 그의 창의적인 제품으로 2001년에 I—Pod, 2007년에 I—Phone 그리고 최근 2010년에 I—Pad가 있다.	
정: 情	정서분야 감성 마음 관계 건강 봉사 취미	1) 그는 과학기술과 인문학의 융합경영을 주장하고 협력업체와 동반자 시스템을 구축하여 50:50에서 30:70으로 지분율을 올려 우대했다. 2) 잡스는 2004년 췌장암 수술, 작년에는 간이식 수술까지 받으면서 이런 악조건을 극복하고 애플을 세계 최고의 테크놀로지 기업으로 만들었다. 3) 애플에서 강조되는 '창조적 사고'라는 업무방식은 개인의 자율과 실패를 인정하는 방식이다.	
의: 意	의지분야 결단 윤리 리더십 절제 계획 성과	1) 샌프란시스코에서 미혼모의 아이로 태어난 입양아로 오늘날 창의력으로 최정상 CEO가 됐다. 2) Apple사를 창업하고 퇴직당한 후 복귀하여 현재 마이크로소프트사를 시가 총액 2,292억 불로 능가했다. 그 기적은 업무와 인간 배려의 힘이었다. 3) 애플에서 강조되는 '창조적 사고'라는 업무 방식은 개인의 자율과 실패를 인정하는 방식이다.	

5. 고독한 황제 Steve Jobs

애플의 CEO 스티브 잡스(55)가 치료를 위해 17일(중앙일보 2011 1 22일자) 병가(病暇)를 냈다. 2004년 이후 세 번째다. 잡스는 애플 직원들에게 보낸 이메일에서 "CEO직을 유지하면서 회사의 중요한 결정에 참여할 것"이라고 했지만 현재의 건강상태와 복귀 일정 등에 대한 구체적인 언급은 없었다. —게티이미지 멀티비츠—

잡스는 어린 시절부터 '마루가 높고 골이 깊은' 부침(浮沈)을 겪어 왔다. 미혼모의 아들인 그는 출생 직후 입양됐다. 초등학교 때 한 학년을 건너뛸 정도로 영리했지만, 수줍고 비사교적인 아이였다. 고등학교 졸업 때는 장발에 찢어진 청바지를 입고 다니는 히피였고, 동양종교에 심취해 인도로 가기 위해 다니던 대학을 중퇴했다. 그는 한때 일본 선(禪)불교에 빠졌고 그 일본 스승은 후에 잡스의 결혼식을 집례했다. 잡스가 경영철학으로 종종 언급하는 '직관의 힘'과 '초심(初心)'은 이때의 영향이다.

[죽음에 관한 한마디]

2005년 그가 스탠퍼드 대학에서 한 연설을 보면 죽음을 가까이 뒀던 사람의 경험이 묻어 있다. "내가 곧 죽는다는 것을 기억하는 것은 인생에 있어 큰 결정을 내리는 데 가장 중요한 수단이다. 거의 모든 것은 죽음 앞에서 떨어져 나가고, 정말로 중요한 것만 남을 뿐이다."

6. 황제의 빈자리 실적이 메웠다

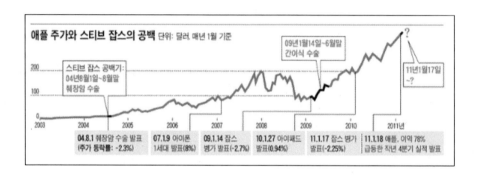

7. 경영 명언: 스티브 잡스/빌 게이츠

[Steve Jobs]

1) You can't ask customers what they want and then try to give that to them by the time you get it built, they'll want something new.

고객들이 무엇을 원하는지 묻고 나서 그들에게 바로 그 물건을 제공할 수는 없다. 당신이 제품을 완성할 때쯤이면, 고객들은 무언가 새로운 제품을 찾을 것이다.

2) Innovation distinguishes between a leader and a follower.

혁신이야말로 리더와 추종자를 구분하는 잣대다.

3) Most Important have the courage to Follow your heart and Intuition. They some how already know what you truly want to become. Everything else is secondary.

직관을 따르는 일이야말로 가장 중요하다. 당신의 가슴, 그리고 직관이야말로 당신이 진정으로 원하는 것을 잘 알고 있다. 다른 것은 부차적이다.

[Bill Gates]

1) Life is not fair—get used to it.

인생이란 원래 공평하지 못하다. 그런 현실에 대하여 불평할 생각하지 말고 받아들여라.

2) If you mess up, it's not your parents' fault, so don't whine about your mistakes, Learn from them.

네 인생을 네가 망치고 있으면서 부모 탓을 하지 마라. 불평만 일삼을 것이 아니라 잘못한 것에서 교훈을 얻어라.

3) Life is not divided into semesters. You don't get summers off and very few employers are interested in helping you find yourself. Do that on your own time.

인생은 학기처럼 구분되어 있지도 않고 여름 방학이란 아예 있지도 않다. 네가 스스로 알아서 하지 않으면 직장에서는 가르쳐 주지 않는다.

8. 이과 · 문과 없애야 저커버그 나온다

[아침논단] 오세정 서울대 교수 물리학(조선일보 2011년 1월 17일지)
· 빌게이츠: 개인용 컴퓨터
· 스티브 잡스: 아이폰
· 저커버그: 소셜네트워크(SNS)

-이 세 사람의 공통점 2가지

① 이들은 과거 존재하지 않은 새로운 시장을 창출한 것이다.

② 이들은 기술에만 외곬으로 빠진 것이 아니라 인문사회 분야에도 눈이 떠 있
  었기 때문에 남이 생각지도 못한 아주 새로운 사업을 일으켜 사회를 바꿀
  정도로 크게 성공할 수 있었던 것이다.

마크 저커버그(Mark Zuckerberg). 많은 사람에게는 아직 생소한 이름일지 모르지
만, 시쳇말로 요즘 '뜨는' 인물이다. 미국의 시사주간지 타임이 2010년 '올해의 인
물'로 선정하였고, 지난주에는 이명박 대통령의 주례 라디오·인터넷 연설에 등
장하기도 하였다. 저커버그는 하버드대학 재학 중 사이버 공간에서 친구들과 만
나고 정보를 교환할 수 있는 웹사이트 '페이스북'을 창업했다.

이 회사가 최근 인기몰이를 하고 있는 소셜네트워크서비스(SNS)의 대표적 기업
으로 성장하면서 올해 26세의 나이로 재산이 8조 원에 달하는 미국 35위의 부자
가 되었다. 우리가 잘 아는 마이크로소프트의 빌 게이츠나 애플의 스티브 잡스를
잇는 IT산업의 새로운 스타가 탄생한 것이다.

이들 IT산업의 스타들은 모두 기업으로 큰돈을 벌기는 했지만, 우리나라 재벌
기업가와는 다른 면이 있다. 한국 대기업들은 대부분 자동차나 가전제품처럼 이
미 존재하는 시장에서 남보다 조금 앞선 경쟁력을 키워 성공했다.

반면 이들은 개인용 컴퓨터나 아이폰, SNS 등 과거에 존재하지 않던 새로운 시
장을 창출하는 아이디어로 성공했다. 물론 이 과정에서 본인들도 엄청난 부를 축
적했지만, 여러 사람을 고용하는 새로운 기업을 만들어 사회의 부 축적에도 크게
기여하였다. 우리나라가 최근 기존 제조업의 경쟁력이 후발국가에게 위협당하고
있고 선진국과의 원천기술 격차는 아직도 극복하기 힘겨움을 절감하고 있기에 이
처럼 창조적인 기업가 출현을 고대하는 것이다.

한국판 저커버그는 곧 나타날 수 있을까. 사실 이들 IT스타들에게는 몇 가지 공
통점이 있다. 우선 미래를 이끌어 갈 기술에 대해 잘 알고 있었다는 점이다. 빌
게이츠는 어릴 때부터 컴퓨터 소프트웨어에 능했고, 스티브 잡스는 전자기기를

수리하거나 만드는 일을 잘했다. 그러나 이들이 보통 기술자와 달랐던 것은 기술에만 빠진 게 아니라 기술과 사회, 기술과 인간의 관계를 파악하는 능력이 뛰어났다는 점이다. 빌 게이츠는 컴퓨터라는 기계보다 그 안의 소프트웨어가 앞으로 사회를 이끌어 갈 것이라는 점을 간파하고 뛰어난 사업전략을 세웠다.

스티브 잡스는 대학에서 철학과 서체(書體)를 공부한 것이 애플에서 컴퓨터를 만들 때 크게 도움이 되었다고 했다. 소셜네트워크 혁명을 주도하고 있는 마크 저커버그는 대학에서 심리학과 컴퓨터과학을 전공하였으며, 고등학교 때에는 그리스신화 등 서양고전에 푹 빠져 있었다고 한다. 이처럼 기술에만 외곬으로 빠진 것이 아니라 인문사회 분야에도 눈이 떠 있었기 때문에 남이 생각지도 못한 아주 새로운 사업을 일으켜 사회를 바꿀 정도로 크게 성공할 수 있었던 것이다.

이러한 경향은 앞으로 더욱 심화될 것으로 예측된다. 전자제품도 기술적으로 우수한 성능을 넣는 것보다 소비자의 감성에 맞춘 하이터치(High Touch) 제품이 점점 인기를 끌고 있고, 이에 따라 제품·서비스 개발에서 과학기술만이 아니라 인문사회적 지식이 중요해지고 있다. 과학기술과 인문사회적 능력을 고루 갖춘 인재를 키우기 위해서는 학제를 넘나드는 교육이 필수다.

그러나 우리 교육제도에서는 그런 교육이 매우 어려운 것이 현실이다. 고등학교 때부터 학생들을 이과와 문과로 나누어 지식의 편식을 강요하고, 대학은 전공 사이의 벽이 너무 높아 융합형 인재를 키우는 데 실패하고 있기 때문이다. 오죽하면 초빙석좌 교수로서 서울대를 2년간 지켜본 뉴욕주립대의 김성복 교수가 전공별 벽 쌓기를 "봉건적 할거주의와 다름없다"고 비판하였을까(조선일보 2011년 1월 10일자).

다행히 우리나라에서도 이런 벽을 허물려는 움직임이 서서히 나타나고 있다. 교과부는 최근 수학·과학 교육에 예술교육을 접합해 창의력과 예술적 소양을 갖춘 인재를 기른다는 목표를 내세웠고, 공학과 디자인학을 연계한 전공을 육성하겠다고 한다.

또한 고등학교 1학년의 국민공통 과학과목은 물리·화학·생물·지구과학의 구분을 허물고 주제별로 학습하는 '통합형' 교과서가 곧 도입될 예정이다. 그러나 언제나 그렇듯 세상은 빛의 속도로 변화하는데 우리 교육은 거북이의 속도로 움직이는 것이 문제이다. 그나마 여러 이해관계자의 훼방으로 뒤로 가는 일은 일어나지 않기를 바랄 뿐이다.

제3장
인격개발 체험학습 Plan

멘토링에서 두 사람이 하나 되어 멘토링 활동 4개 과정인 인격개발, 행복개발, 동행개발, 희망개발 중 각 과정별로 아래 3단계 Step 체험학습이 진행된다.

1－Step: 교육체험 단계로 두 사람이 한 쌍이 되어 인격, 행복, 동행, 희망개발 교육체험에 참여한다.

2－Step: 미팅체험 단계로 두 사람이 한 쌍이 되어 12개월 운영 프로그램에 체험하여 활동한다.

3－Step: 현장체험 단계로 두 사람이 한 쌍이 되어 월간, 계간 프로그램으로 현장체험 답사를 한다.

인격체험 1. 교육과정 체험학습: 1:1 연결 멘토링 교육 체험학습
인격체험 2. 미팅활동 체험학습: 1:1 연결 12개월 활동 체험학습
인격체험 3. 현장답사 체험학습: 1:1 연결 월·계간 답사 체험학습

체험 1: 교육과정 체험학습

1. 교육과정 개요

1) 멘토링에서 인격교육 유래의 2가지 흐름

(1) 잔닥 제도는 히브리 문화권인 이스라엘 (B.C. 1440년대 – 모세오경 참고)에서 종교의식으로 할례예식을 진행할 때 아버지와 의사와 잔닥이 참여했고 특히 잔닥 (일명 멘토)은 어린아이에게 신앙지도와 생활지도로써 인격적으로 존경 받는 리더로 개발하는 역할을 했다.

① 할례예식에서 잔탁 – 부친 모헬 중 잔탁 – 신앙지도/생활지도 – 인격개발

② 오늘날: 유대인 – 랍비제도, 천주교 – 대부모제도

(2) 멘토제도: 헬라문화권(그리스 지역 중심 B.C. 1250년대 – 멘토)

① 최초 멘토/텔레마쿠스 – 수학, 철학, 논리학 교재 – 지정의 상징 – 인격개발

② 프랑스 페넬롱 – 유럽의 길드제도 – 영국의 도제제도

③ 미국의 최초 도입 BBS(청소년 멘토제도 1904년)

④ 오늘날: 멘토제도

```
인격개발
리더개발
전인적인 인재개발
```

2) 멘토링에서 최초 스승 멘토의 자질

B.C. 1250년 트로이 전쟁 당시 최초 멘토(호머의 그리스 신화에 등장인물)는 전인적인 삶의 조언자로서 아래내용의 인격을 주제로 한 자질을 갖춘 사람이었다.

인격		자질(당시 멘토/텔레마쿠스 관계에서)	비고
知 전문분야	스승	가르치기를 좋아하는 스승	
	전문	수학, 철학, 논리학(知 · 情 · 意 인격상징)의 전공자	

인격		자질(당시 멘토/텔레마쿠스 관계에서)	비고
情 정서분야	관계	왕 등 타인과 관계가 원활한 사람	
	정서	타인과 상담이 잘 이루어지는 사람	
意 의지분야	존경	당대 온 국민의 존경대상인 사람	
	리더	당대 최고 지도자로 인정받은 사람	

2. 교육과정 Curriculum

① 교육과정: 인격개발 체험학습 정규과정

② 교육대상: 전 교인 대상으로 청소년, 평신도, 직분자, 목회자, 멘토, 멘제 모니터

③ 교육시간: 특강/일반과정 08~40시간(선택 가능)

④ 교육교재: 인격교재 시리즈(4권 교재 ppt－750p)

Module	Contents	Special	Silver	Gold	Diamond
인격 Personality 인격개발편 교재: 인격 오디세이	1. 인격개념	1	1	1	1
	2. 인격정의		1	1	1
	3. 인격진단		1	1	1
	4. 인격평가				1
	5. 인격개발			1	1
	소계 1		3	4	5
지(知) 가치개발편 교재: 인간 가치경영	1. 인격개발		1	1	2
	2. 관계개발	1	2	2	2
	3. 리더개발		1	2	2
	4. 혁신개발		1	2	2
	5. 성과개발	1	1	1	2
	소계 2		6	8	10
정(情) 기술개발편 교재: 활동 촉진기술	1. 칭찬개발		1	2	3
	2. 소통개발	1	2	3	3
	3. 감성개발	1	2	3	3
	4. 창의개발		2	2	3
	5. 열정개발	1	2	2	3
	소계 3		9	12	15
의(意) 생애개발편 교재: 생애 진단도구	1. 마음개발	1	2	2	2
	2. 건강개발	1	1	2	2
	3. 재능개발		1	1	2
	4. 자금개발		1	1	2
	5. 미래개발		1	2	2
	소계 2		6	8	10
합계		8	24	32	40

체험 2: 미팅활동 체험학습

· 개인: 콤비인간성 미팅체험 활동주제
· 교회: 목회생산성 미팅체험 활동주제

1. 개인활동: 콤비인간성 체험 활동주제

① 개인의 콤비 미팅체험방법: 멘토와 멘제가 콤비(Combi)로 멘토링 12개월 활동을 개시하는 과정으로 주간, 월간 등으로 미팅주기를 정하여 습관적으로 미팅이 이루어지는 것이다.

② 미팅소재개발 방법: 멘토/멘제가 미팅 시 소재는 멘토가 별도 프로그램 없이 자신의 내적 핵심역량을 멘제가 미팅 시마다 문답식으로 제공하는 방법과 별도로 인격에 관한 소재를 프로그램으로 준비해서(Star Game 등) 활용하는 방법이 있다.

③ Star Game 인격소재: 아래에 소개하는 5가지 인격을 세부소재로 한 내용은 멘토링코리아에서 개발한 Star Game으로 100점 만점을 지수로 하여 목표관리(MBO)하는 방법이다.

④ 예시: Star Game 인격지수 목표관리

대주제	주제 - 100점 관리	세부사항으로 구분한 설문 50개 항으로 된 소재
지 - 전문분야	1. 지식지수 - 20점	지식, 기술, 노하우, 자격, 지적 재산권, 특허권 등
정 - 정서분야	2. 마음지수 - 20점	포용력 명상 불우이웃 돕기
	3. 건강지수 - 20점	정신 육체건강: 명상 휴식 건강진단 운동 등
	4. 관계지수 - 20점	부모, 부부, 자녀, 상사, 동료, 부하, 협회, 동업계
의 - 의지지수	5. 관리지수 - 20점	윤리리더십, 선악, 양심, 본능, 절제, 실천

2. 교회조직: 목회 생산성 미팅체험 활동주제

· 교회 1 - 청소년 재능개발 멘토링

추진배경	◇ 목적: 교회 청소년 멘토링은 멘토링 인격개발 활동 프로그램으로 체계적으로 관리하여 학력 위주의 교육을 보완해서 멘토를 세워 1:1로 전문적 지원, 정서적 지원, 윤리적 지원으로 인간성을 회복하고 오늘의 청소년을 내일의 인격을 갖춘 리더로 세우는 데(Standing Together) 목적을 둔다. 1. 멘토를 통해 교회생활과 사회생활의 균형을 이루게 지도한다. 2. 청소년시절부터 신앙의기본인 영혼을 사랑하는 마음을 갖게 한다. 3. 청소년을 위한 전인적인 리더십 개발 ◇ 방법: 교회나 지역사회 청소년을 대상으로 먼저 체계 있게 멘토 양성과정을 인수한 교회 청소년전문가나 연로한 사람을 멘토로 세워 1:1로 연결하고 12개월 진행한다.
추진기본 사항 - 5	○ 활동목표: 청소년 재능개발 멘토링 ○ 활동기간: 12개월 ○ 활동始終: 2011. 07. 01.~2012. 06. 30. ○ 멘제기준: 교회 초중고 학생 (지역사회 학생 - 저소득가정, 소년소녀가장, 다문화가정 등) ○ 멘토기준: 직분자나 연로한 교인 중에서 선발 (멘토교육을 이수한 Golden Mentor)
기대효과	1. 멘토링 활동으로 지적 위주에서 정서·의지 부분이 보완된다. 2. 이기주의적인 사고방식에서 멘토를 통해 감사의 마음을 갖는다. 3. 청소년시절부터 신앙을 기초로 한 진로에 대안을 세우게 된다. 4. 오늘날 물질가치 중심에서 정신적 가치인 영혼에 관심을 갖게 된다. 5. 현재 한국교회의 위기에서 미래 든든한 리더를 확보할 수 있다.

체험 3: 현장답사 체험학습

멘토링 현장답사 체험학습은 크게 두 가지로 나눌 수 있는데 멘토/멘제 한 쌍이 콤비로 하는 방법과 멘토/멘제 쌍 전체가 그룹으로 하는 방법이 있다. 여기서 활동 주제선정은 지·정·의(知·情·意)의 면을 감안한 인격주제로 선정했다.

1. 개인콤비: 멘토링 활동 주제별 목록

인격활동주제	세부 소재 내용
知-전문분야 체험 1. 학업 및 지식 성취를 위한 활동	-도서관 탐방, 서점 탐방 -성경공부, 전문세미나 등 함께 읽기 -멘제의 전문관심 과제에 대한 정보를 조사하고, 습득하도록 도움 -인터넷상에서 전문과제 정보 찾기 -외국어 학습이나 해외연수 등을 개인지도 -컴퓨터나 인터넷 사용방법을 가르침 -박물관 방문 및 방문에 대한 보고서나 스피치 준비
情-정서분야 체험 2. 개인적 정서 관계 진전을 위한 활동	-멘제가 좋아하는 음식으로 식사 -멘제가 가 보고 싶어 하는 곳-한강/산/바다 등을 방문 -멘토/멘제 상호 가정에 초대 -영화, 연극, 음악회 등 관람 -야구장, 축구장, 농구장 방문 -볼링이나 포켓볼을 함께 즐김 -시장이나 백화점을 함께 다님 -함께 장애인 시설이나 병원에 봉사 활동
意-의지분야 체험 3. 진로 탐색 또는 리더로 준비를 위한 활동	-멘토/멘제의 학교나 직장 방문 -관심분야에 대한 자료와 정보 제공, 선배와 만남 주선 -신앙분야에 대한 자료와 정보 제공, 선배 직분자나 목회자와 만남 주선 -선교지 방문, 선교박람회/직업박람회/산업박람회에 참석 -학교 졸업이나 진로에 대한 것들에 대해 토론

2. 교회그룹: 멘토링 활동 주제별 목록

일반적으로 멘토/멘제의 첫 출발 Workshop의 효과는 3개월 정도로 볼 수 있다. 그러므로 3개월 지난 후에는 재차 동기부여로 사기를 높여 줄 필요가 있다. 전체가 모여서 ① 야외현장 답사 및 친목활동, ② 보수교육수강, ③ 중간평가실시 등 선택적으로 진행이 기능하다.

1) 계간 그룹 미팅활동 선택

NO	활동종류	일정선택	장소선택	시간선택
1차	친목활동			
	보수교육			
	중간평가			

NO	활동종류	일정선택	장소선택	시간선택
2차	친목활동			
	보수교육			
	중간평가			
3차	친목활동			
	보수교육			
	중간평가			

2) 그룹 활동에서 일상생활 주제 사례

① 단기 해외선교/농어촌 전도여행/모범교회 탐방

② 심리극

③ 피크닉이나 여행

④ 스포츠 행사

⑤ 시상 및 인정

⑥ 집단 프로그램(예집단상담, 사회기술 훈련 등)

⑦ 지역주민과 학부모님들과 동행의 밤

⑧ 지역 기관 및 회사 탐방

⑨ 놀이 공원

제4장
목회자 인격개발 특강

1. 목회자 인격개발 특강커리큘럼(Curriculum)

(1) 특강과정: 목회자 핵심특강 현장출강 과정

(2) 특강참석: 목회자 직분자(교사, 성가대 구역장, 전도회 임원 등)

(3) 특강시간: 02~04~08시간(시간 선택 가능)

(4) 특강교재: 멘토링 시장판매 단행본으로 특강별로 1권씩 합계 교재 4권

(5) 특강내용:

① 주제 1. 성경모델: 성경에서 특강주제에 맞게 4쌍을 멘토링 모범사례로 소개했다.

② 주제 2. 특강본론: 멘토링 목회 핵심내용으로 특강별로 5개씩 총 20개를 소개했다.

③ 주제 3. 체험학습: 목회현장 적용 Plan으로 전교인 한마음 동행 위한 체험학습이다.

Hour	NO	특강 1. 인격	목회진단	참고도서
2H	주제 1	인격모델: 모세/여호수아	자기 인격 5단계 Step 진단 [진단주제] 1. 생각 Thinking 2. 언어 Talking 3. 행동 Acting	1. 멘토링 인격오디세이
	1장	모세 인격배경		
	2장	모세 인격사례		
	3장	교훈과 대안		
4H	주제 2	인격본질-5		
	1장	인격개념(Concept)		
	2장	인격정의(Definition)		

Hour	NO	특강 1. 인격	목회진단	참고도서
4H	3장	인격진단(Test)	4. 습관 Customming 5. 인격 Personaliting	2. 멘토링 인간가치경영
	4장	인격평가(Evalution)		
	5장	인격개발(Development)		
2H	주제 3	인격목회 Plan	[인격리더십 진단] 1. 전문 분야 2. 정서 분야 3. 의지 분야	
	1장	인격교육체험		
	2장	인격미팅체험		
	3장	인격현장체험		

2. 목회자의 인격적인 의사결정 5단계

1) 인격(Personality)정의란?

① 철학 차원 인격: 아리스토텔레스의 지·정·의(知·情·意)

② 정신 차원 인격: 프로이트의 s. 인격이론(ID—Ego—Superego)

③ 성경 차원 인격: 코메니우스의 하나님, 인간, 지역사회와 3각 관계

* 그리스도 가치 인식(知), 사랑 느낌(情), 문화 실현(意)

2) 인격결정에 유의할 점

① 당신은 생각(Thinking)을 조심하라. 그것이 너의 말이 된다.

② 당신은 말(Talking)을 조심하라. 그것이 너의 행동이 된다.

③ 당신은 행동(Acting)을 조심하라. 그것이 너의 습관이 된다.

④ 당신은 습관(Customming)을 조심하라. 그것이 너희 인격이 된다.

⑤ 당신은 인격(Personaliting)을 조심하라. 그것이 너의 운명이 된다.

3) 인격의 불균형이 남긴 오점

① 정서적 불균형 1: 메시아로 추앙받고 있는 모세도 지팡이 두 번 침으로 생애에 큰 오점을 남겼다.

② 의지적 불균형 2: 성군으로 추앙받고 있는 다윗도 순간 성적 절제력을 잃어 생애에 큰 오점을 남겼다.

③ 지적 면 불균형 3: 지혜의 솔로몬 왕도 말년에 이방 여인 틈에서 우상숭배,

사치방종의 큰 오점을 남겼다.

[자기 인격 5단6계별 평가 Sheet]

STEP	설문	5점 만점
Step 1	당신은 생각을 인격적으로 하고 있는가?	
Step 2	당신은 언어를 인격적으로 하고 있는가?	
Step 3	당신은 행동을 인격적으로 하고 있는가?	
Step 4	당신은 습관을 인격적으로 하고 있는가?	
Step 5	당신은 결정을 인격적으로 하고 있는가?	

4) 인격에서 공평하신 하나님

하나님은 우리에게 인격적인 면에서 공평하게 은혜를 베푸신다. 그러나 인격적으로 균형 잡힌 사람은 하나님의 협조자가 되지만 불균형적인 사람은 훼방꾼도 될 수 있다.

3. 목회자의 인격리더십 진단 Workshop

1) 기준

(1) 인격(Personality)적으로 존경받고 있는가?

(2) 역량(Competency) 공유(Sharing)에 앞장서고 있는가?

(3) 교단 내외에서 리더십을 인정받고 있는가?

2) 작성: 목회자 개인 작성(Self Scored) 5점 척도 방식으로 작성한다.

[인격지수개발 진단도구]

구분		목회자 인격 진단도구		5	4	3	2	1
知 전문 분야	1. 지식기술	나의 목회지식과 기술은 경쟁력이 있다.						
	2. 목회능력	동료 중에서 목회의 능력을 인정받고 있다.						
	3. 노하우	목회 노하우를 가지고 있다고 생각한다.						
	4. 정보공유	교계에서 목회 정보 파악을 잘하고 있다.						
	5. 경력개발	목회 경력을 우수하게 쌓고 있다.						

구분		목회자 인격 진단도구	5	4	3	2	1
情 정서 분야	6. 정서향상	친목미팅 등 정서 활동에 앞장서고 있다.					
	7. 타인배려	남의 어려운 일 처리에 앞장서고 있다.					
	8. 건강향상	정신 및 신체 건강에서 인정받고 있다.					
	9. 관계촉진	가정/동료/상급기관 동역자와 관계가 좋다.					
	10. 심리차원	교회나 가정에서 스트레스를 스스로 잘 푼다.					
意 의지 분야	11. 의지결단	교계에서 리더십으로 인정받고 있다.					
	12. 윤리의식	진리와 허위 선과 악의 구분을 분명하게 한다,					
	13. 절제관리	혈기/탐욕 등 본능적인 면에서 절제가 잘 된다.					
	14. 목표의식	생애목표와 목회목표 설정이 우수하다.					
	15. 리더역할	교계나 지역사회에서 리더 역할을 한다.					
합계점수							

NO	점수	판정
1	70~75	탁월: 교회별 최고(Best) 멘토로 멘토교육의 초대강사 대상이다.
2	60~69	우수: 우수(Golden) 멘토 대상자 인재개발 멘토링 12개월 진행 가능하다.
3	50~59	보통: 일반 멘토로서 프로젝트 멘토링 12개월 진행 가능하다.
4	49 이하	보완: 멘토링 전문가에 의한 인격프로그램으로 양성대상이다.

2부
행복개발 목회 Plan

이 코너는 교회교인을 위한 행복개발 실행프로그램이다. 이 세상에서 가장 행복한 조직은 가정이다. 특히 교회에서는 가정을 하나님이 주신 천국의 모델이라고 한다. 가정이 행복한 것은 엄한 아버지와 따뜻한 어머니의 균형 있는 역할분담 때문인 것이다.

멘토링 교회행복 Plan은 이러한 가정의 원리를 교회에 적용하여 교회에서 목회자와 직분자가 목회 생산성(Productivity)으로 아버지와 같이 강하게 성장을 추진하고, 교회 멘토는 인간성(Humanity)으로 어머니와 같이 따뜻하게 살펴줌으로써 균형 있는 목회로 교인의 만족감과 행복감으로 교회의 효율성까지 동시에 확보할 수 있는 실행 프로그램이다.

제1장
성경에서 Best 행복모델

1. 모세/여호수아 성경 행복모델 소개

1) 행복목회 플랜

저 산 저 멀리 저 하늘가에 행복이 깃든 곳 있다 하기에
남을 믿고 나두야 따라갔건만 눈물이 글썽글썽 되돌아왔네
저 산 저 멀리 저 하늘가에 행복이 깃든 곳 있다 모두 말하지만……

[칼 붓세]

멘토링에서 행복목회는 두 사람이 하나 되어 행복을 만들고 한마음 공동체를 구축하는 목회 Plan이다.

2) 룻/나오미는 왜? 행복 모델인가?

룻과 나오미 두 사람은 고부간으로서 두 사람이 하나 되어 혹독한 불행을 극복하고 신앙의 축복, 물질의 축복, 역사(가문)의 축복을 이루어 성경 속에서 가장 행복한 주인공이 되었다.

(1) 두 사람은 믿음으로 행복을 만들었다.

룻과 나오미는 이국땅에서 가장 큰 불행한 환경을 신앙과 민족으로 극복하여

행복을 찾았다.

(2) 두 사람은 가족 간 행복을 만들었다.

남자 없는 가정에서 시어머니와 며느리 간의 가족 간 행복과 사랑의 모델로 씨앗을 뿌렸다.

(3) 두 사람은 위대한 신앙족보에 올라 행복의 주인공이 되었다.

성경에 나타난 다윗, 예수님 가문의 족보를 통하여 두 여인은 가장 행복한 주인공이 되었다.

2. 두 사람 불행에서 출발

구약성경의 룻기에서 나오미는 룻의 시어머니, 엘리멜렉의 아내, 말론과 기론의 어머니(룻 1:2~)다. 예루살렘의 남쪽 8km의 고향 베들레헴의 기근으로, 남편 및 두 아들과 함께 모압에 이주하여, 그곳에서 살았다(룻 1:1~5). 두 아들을 모압 여인과 결혼까지 시켰으나, 남편과 두 아들을 잃고, 상심한 나오미는 두 자부에게 귀향할 것을 권했는데, 룻은 최후까지 함께할 결의를 보여(룻 1:6~18), 나오미는 룻과 함께 고향 베들레헴으로 돌아왔다(1:19~22).

룻과 나오미

귀향 후 그들은 부유하고, 동정심이 깊은 보아스와 결혼하게 되었고, 나오미는 보아스를 유대의 율법에 따라 양자로 삼았다. 보아스와 룻 사이에 오벳(후에 다윗의 조부)을 낳게 되어, 나오미는 손자까지 볼 수 있게 되었을뿐더러, 엘리멜렉의 믿음의 계보는 계속되었다. 그동안 사면초가의 신세가 된 멘토 나오미는 역시 함께 어려움을 당하고 있는 며느리 룻을 친딸처럼 포용할 때 두 몸이 한 마음으로 결합되어 주위를 감동시키고 땅에 축복과 하늘에 축복을 받는 행복의 주인공으로 됨으로써 성경은 우리에게 고부간의 모범적인 멘토링으로 교훈을 주고 있다.

3. 룻과 나오미의 아름다운 멘토링

1) 룻은 나오미와 고부관계다(룻 1:1~5)

사사들이 치리하던 때에 그 땅에 흉년이 드니라 유다 베들레헴에 한 사람이 그 아내와 두 아들을 데리고 모압 지방에 가서 우거하였는데, 그 사람의 이름은 엘리멜렉이요 그 아내의 이름은 나오미요 그 두 아들의 이름은 말론과 기룐이니 유다 베들레헴 에브랏 사람들이더라 그들이 모압 지방에 들어가서 거기 유하더니, 나오미의 남편 엘리멜렉이 죽고 나오미와 그 두 아들이 남았으며, 그들은 모압 여자 중에서 아내를 취하였는데 하나의 이름은 오르바요 하나의 이름은 룻이더라 거기 거한지 십년 즈음에, 말론과 기룐 두 아들이 다 죽고 그 여인은 두 아들과 남편의 뒤에 남았더라.

2) 두 사람은 베들레헴으로 동행했다(룻 1:12~18)

그들이 소리를 높여 다시 울더니 오르바는 그 시모에게 입맞추되 룻은 그를 붙좇았더라. 나오미가 또 가로되 보라 네 동서는 그 백성과 그 신에게로 돌아가나니 너도 동서를 따라 돌아가라. 룻이 가로되 나로 어머니를 떠나며 어머니를 따르지 말고 돌아가라 강권하지 마옵소서 어머니께서 가시는 곳에 나도 가고 어머니께서 유숙하시는 곳에서 나도 유숙하겠나이다. 어머니의 백성이 나의 백성이 되고 어머니의 하나님이 나의 하나님이 되시리니, 어머니께서 죽으시는 곳에서 나도 죽어 거기 장사될 것이라 만일 내가 죽는 일 외에 어머니와 떠나면 여호와께서 내게 벌을 내리시고 더 내리시기를 원하나이다. 나오미가 룻의 자기와 함께 가기로 굳게 결심함을 보고 그에게 말하기를 그치니라.

3) 나오미의 권고로 보아스의 타작마당에서 이삭을 줍다
   (룻 2:1, 3, 5~8, 14, 17~19, 22)

보아스가 룻에게 이르되 내 딸아 들으라. 이삭을 주우러 다른 밭으로 가지 말며 여기서 떠나지 말고 나의 소녀들과 함께 있으라. 식사할 때에 보아스가 룻에게 이르되 이리로 와서 떡을 먹으며 네 떡 조각을 초에 찍으라 룻이 곡식 베는 자 곁에 앉으니 그가 볶은 곡식을 주매 룻이 배불리 먹고 남았더라.

4) 나오미의 지혜로 룻은 보아스와 결혼하여 대를 잇게 되었다(룻 3:1~7)

룻의 시모 나오미가 그에게 이르되 내 딸아 내가 너를 위하여 안식할 곳을 구하여 너로 복되게 하여야 하지 않겠느냐. 네가 함께 하던 시녀들을 둔 보아스는 우리의 친족이 아니냐. 그가 오늘 밤에 타작마당에서 보리를 까불리라. 그런즉 너는 목욕하고 기름을 바르고 의복을 입고 타작마당에 내려가서 그 사람이 먹고 마시기를 다하기까지는 그에게 보이지 말고 그가 누울 때에 너는 그 눕는 곳을 알았다가 들어가서 그 발치 이불을 들고 거기 누우라 그가 너의 할 일을 네게 고하리라.

4. 룻과 나오미의 행복 열매

보아스가 룻을 취하여 아내를 삼고 그와 동침하였더니 여호와께서 그로 잉태케 하시므로 그가 아들을 낳은지라. 여인들이 나오미에게 이르되 찬송할지로다. 여호와께서 오늘날 네게 기업 무를 자가 없게 아니하셨도다. 이 아이의 이름이 이스라엘 중에 유명하게 되기를 원하노라 살몬은 보아스를 낳았고 보아스는 오벳을 낳았고 오벳은 이새를 낳았고 이새는 다윗을 낳았더라(룻 4:13~14, 21~22).

5. 룻과 나오미의 행복한 관계평가

1) 멘토 나오미의 전인적인 서비스

인격	멘토 나오미의 전인적인 서비스	며느리 룻의 성과
전문 知	1. 흉년: 모압으로 피난 생활하여 룻 만남 2. 과부: 남편과 두 아들의 사망으로 과부 됨	1. 선택: 올바른 하나님과 믿음을 선택
정서 情	1. 친딸: 고부간에서 친딸과 같이 생활 2. 신앙: 두 사람 모두 남편 잃고 신앙 의지 3. 이방: 이방 모압에서 큰 고난 속에서 동감	2. 결단: 고향을 뒤에 두고 베들레헴 행 3. 동행: 고부간에 아름다운 동행 모범
의지 意	1. 종족: 가문에서 종족 보존의 강한 집 2. 가문: 베들레헴에서 친족 찾아 희망 3. 승계: 보아스를 통해 가문의 승계를 이룸 4. 반열: 믿음의 조상의 가문의 반열에 섬	4. 순종: 개가 시 나오미의 권고에 순종 5. 영광: 다윗과 예수님의 족보 가문

2) 두 사람의 멘토링 활동 평가표

구분	평가진단도구	만점	득점	감점	평점
인격	두 사람은 인격적인 관계가 이뤄졌는가?	20	20		20
다수	얼마나 다수의 멘토가 동원되었는가?	10	0		0
역량	멘토의 지식, 기술, 운동, 학문 등 역량을 전부 전수해 주었는가?	20	20		20
리더	자기 분야에서 최고의 리더로 성장했는가?	20	10		10
위대	멘토 자신보다 위대하게 성장했는가?	20	20		20
후계	도움받은 룻이 후계자를 양성했는가?	10	0		0
합계		100	70		70

3) 두 사람 간 행복 멘토링의 주인공 모델

(1) 멘토 나오미는 며느리 룻에게 유대백성으로, 또한 하나님에 관한 모범을 보여 주어 이방인 모압 여인 룻이 나오미를 선택하게 된 동기이다.

(2) 고부관계 그리고 이방여인 관계에서 멘토 나오미의 모범적인 삶의 본보기와 이방 여인으로 룻의 선택-이스라엘 백성과 하나님-은 여성 멘토링의 최고의 모범을 보여 주고 있다.

(3) 두 사람은 고부간이라기보다는 친딸과 같은 고품질의 행복 멘토링의 주인공 모델이라고 평가할 수 있다.

1. Jim Good Night[2] 경영 행복모델 소개

1) 행복경영 플랜

"행복한 젖소가 우유를 많이 생산하는 것처럼 행복한 직원이 생산성을 더 높인다"라는 슬로건을 내걸고 작년에 이어 금년도 2년째 포춘지가 선정한 세계에서 가장 우수하고 직원이 행복한 기업을 일군 SAS 인스티튜트 짐 굿나잇 회장을 행복 멘토 모델로 선정하여 벤치마킹 대상으로 소개한다.

멘토링에서 행복경영은 주어지는 것이 아니라 두 사람이 하나 되어 행복을 만들어 가는 것이다.

2) Jim Goodnight 행복 모델인가?

(1) SAS는 포춘지 100대 기업 중 최우수 존경기업이다.

포춘지가 뽑은 미국에서 가장 근무하고 싶어 하는 100대 기업 중 작년(2010)에 이어 금년에도 연속 1위로 선정됐다.

(2) Slogan: 직원 행복이 직장행복 경영으로 이어진다.

"행복한 젖소가 우유를 더 많이 생산하는 것처럼 행복한 직원이 생산성을 더 높인다"라는 슬로건을 내걸고 있다.

---

2) 조선경제(Weekly Biz(2010. 10. 16) 배성규 기자 취재자료

(3) 경영철학은 가족과 같이 신뢰경영임을 고집한다.

회장이 항상 직원들을 믿고 특별하게 대우하면 성과가 나게 마련이다.

"「Happy and healthy working environment makes employees productive」이라는 신뢰경영을 고집하고 있다"고 강조한다.

2. Jim Goodnight의 경영철학

SAS 인스티튜트는 어떤 회사
설립: 1976년
매출: 22억 6,000만 달러(2008년 기준)
업종: 비즈니스 분석 소프트웨어 및 서비스 제공
최고경영자: 짐 굿나이트 회장(창업자)
직원 수: 전 세계 400여 사무소에 1만 1,139명
본사위치: 미국 노스캐롤라이나 주 캐리 시
고객: 115개국 4만 5,000여 사
비고: 세계 최대 규모의 비상장 소프트웨어 회사

"기업 경쟁력의 원천은 사람이고 직원을 대우해 주면 그만한 대가를 돌려받는다."

"고용유지 정책 때문에 회사 수익이 줄어들 것으로 걱정한 직원들이 더 열심히 일하고 고비용 절감에 나선 결과 2009년 매출이 전년대비 2.2%가량 늘어났다."

"가정이 편안하고 직원들이 행복해야 생산성이 더 높아진다."

"직장일과 가정일(work & life)이 균형을 맞출 수 있도록 노력하고 있다."

"35년간 지속적인 성장을 할 수 있었던 것은 끊임없는 혁신이 가장 큰 원동력으로 작용했다."

"해마다 전체 매출액의 23~26%를 연구개발(R&D)에 투자하고 있다."

3. SAS행복경영 소개

"Welcome to SAS campus." 미국 동부 노스캐롤라이나 주 캘리 시 사스 캠퍼스 드라이브에 위치한 사스(SAS) 본사는 차라리 대학 '캠퍼스'였다.

현재 노스캐롤라이나 리서치 트라이앵글의 캐리(Cary)에 위치한 SAS 본사. 24만 평이 넘는 대지에 18개의 건물이 들어서 있다. 호수·정원·숲 등 훌륭한 조경을 갖춰 '대학 캠퍼스 분위기'가 흐른다. 본사 곳곳엔 조각 공원과 피크닉 장소가 조성돼 있고, 산책로까지 꾸며져 있다.

캠퍼스 정문 경비원이 건넨 환영사처럼 울창한 숲속 사이사이로 건물들이 드문드문 자리 잡고 있었다. 대학 캠퍼스나 공원도 이 정도로 조경이 잘 된 경우는 드물 것이다. 회사 내부를 한번 둘러보기만 해도 절로 일할 맛이 솟구칠 녹지환경이다. 데이터처리용 소프트웨어 개발·임대 및 관련 서비스업체인 사스. 과연 실질적인 근무환경도 쾌적한 녹지환경만큼 훌륭한 것일까. 이런 의구심은 지난해 5백84개의 신규 일자리에 무려 3만 4천52명이 몰려들었다는 이야기를 듣고는 싹 달아나 버렸다.

트렌트 스미스 홍보담당자는 에둘러 설명했다. "미국 IT업계의 평균 퇴사율이 연 17~20%에 달하지만 사스는 겨우 5%에 불과하다"는 것. 그나마 5%도 스카우트되거나 배우자를 따라 사정상 근무지를 옮겨야 하는 등 어쩔 수 없이 퇴사하는 경우가 대부분이라고 했다.

그는 최저수준의 퇴사율에 대해 짐 굿나이트 공동 창업자겸 회장의 경영철학이 빚어낸 근무환경 덕분이라고 말했다. "회장이 항상 직원들을 믿고 특별하게 대우하면 성과가 나게 마련(Happy and healthy working environment makes employees productive)이라는 신뢰 경영을 고집하고 있다"고 강조했다. 직원들을 존중해 주는 만큼 회사가 되돌려 받는다는 얘기다. 특히 소프트웨어 산업은 지적 사업이어서 단순한 복리후생보다는 직원들의 창의성을 키우는 투자에 힘을 기울인다. 실제 사스는 직원들에게 탁아시설, 의료시설, 피트니스센터 등 월드 클래스의 총체적 편의를 제공하고 있다.

미국기업으로서도 드물게 주 35시간 근무제를 도입해 오후 5시면 모든 직원을 퇴근시킨다. '캠퍼스' 내 7천5백㎡의 의료시설에는 외과 가정의, 물리치료사, 마사지사 등을 두고 직원들의 건강을 돌보고 있다. 의료비는 직원 1인당 1백 달러, 가족당 3백50달러, 외부 진료기관 이용 시에는 1천 달러까지 보조해 주고 있다.

직원 1인당 세 자녀까지 사내 몬테소리 탁아소도 무료로 이용할 수 있다. 전체 직원들의 51%를 차지하는 여성 직원 및 매니저들을 향한 배려다. 부득이하게 퇴근이 늦어 저녁식사를 못 챙기는 직원들을 위해서는 'Meals to go' 프로그램을 운영하고 있다.

집에 가서 가족과 함께 요리해 먹을 수 있도록 저녁식사 재료를 챙겨 주는 세심함이 엿보이는 프로그램이다. 또 거의 모든 직원들에게는 개인 사무실을 마련해 줘 업무에 집중할 수 있도록 했다.

이런 환경은 어떻게 직원들의 성과와 회사수익 증가로 이어질까. 회사 측은 소프트웨어를 임대(licensing)해 주는 게 주요사업인데 고객 이탈률이 2% 이하라고 설명했다. 종업원들이 그만큼 열심히 일한다는 뜻이다. 미국 내 백위권에 속하는 기업들 중 97%가, 5백 대 기업 기준으로는 80%가 사스의 소프트웨어를 사용하고 있다는 점이 이 같은 사실을 뒷받침한다.

직원들을 장기간 편안하게 근무하도록 지원하고 배려해 줄수록 충성도 높은 고객이 잘 유지되고 창출된다는 것이다. 간접비용이 줄어드는 효과도 있다. 한 조사에 따르면 직원 한 사람이 1년 더 근무할 경우 미국 IT업계 전체적으로 한해 7천5백만 달러의 간접비용이 절감되는 효과가 발생한다고 한다.

사스는 조직의 활력을 유지하기 위해 직원들이 다른 부서로 자유롭게 이동할 수 있도록 허용하고 있다. 다만 무작정 이동시키는 게 아니다. 체계적인 교육 프로그램을 통해 영업훈련, 기술훈련, 관리훈련 등을 받게 한 후 새 포지션으로 이동시킨다. 직원들의 3분의 1이 그렇게 이동해 자기를 개발하고 성과를 높이고 있다.

직원들에 대한 회사의 투자와 신뢰는 자연스럽게 회장을 비롯한 경영진에 대한 직원들의 믿음을 낳고 있다. 직원들은 전 세계 어느 지점에서라도 웹 캐스트라는 온라인을 통하면 CEO와 의사소통이 가능하다.

CEO와 임원들이라고 해도 다른 특혜를 누리지 않는다. 임직원들은 카페테리아에서 가족과 함께, 직원들과 함께 식사를 한다. 평직원들처럼 회사 어디서나 마주칠 수 있는 사람들이다. 가족과 같은 분위기가 회사와 직원들의 가치를 높인다고 보기 때문이다.

그래서일까. 굿나이트 회장이 회사 전체 주식의 3분의 2를 다른 공동 창업자 1명이 나머지 주식을 소유하고 있으나 기업지배구조에 대한 직원들의 불만은 전혀 없다. 흔한 스톡옵션 제도도 도입하지 않았다. 직원들은 퇴직할 때 15%의 이익공유(Profit sharing)가 이뤄지는 정도다.

회사는 금전적인 보상을 늘리는 대신 전반적인 근무환경의 질을 높여 주는 데 더 큰 비중을 두고 있다. 금전적인 보상이 궁극적으로는 회사의 지속적인 비교우위를 유지해 줄 수 없다고 보는 까닭이다.

기업의 성공 여부는 직원들에게 달려 있다는 신념을 창업할 때나 지금이나 꾸준히 지켜 가고 있는 굿나이트 회장. 최첨단 산업에 속한 기업임에도 그의 신뢰경영철학은 액자 속의 것이 아니었다.

SAS는 세계 선두의 비즈니스 인텔리전스 솔루션 기업이 되기 위해 관련 기술을 보유한 기업들과 지속적인 기업통합(M&A)을 추진해 왔으며, 연구개발(R&D)에 대한 투자도 아끼지 않고 있다. 연간 총 매출의 25~30%(2005년 기준 4,500억 원)를 R&D에 투자하고 있는데, 이는 동종 업계의 평균 2배에 달하는 수치다.

SAS는 지난해 매출 21억 5,000만 달러(약 3조 1,100억 원)로 30%가 넘는 시장점유율을 기록하면서 이 분야 세계 1위 자리를 굳건히 지키고 있다.

창사 이래 32년 동안 매년 두 자릿수 성장률을 기록한 기업, 포천지 선정 상위 100대 기업의 91%를 포함해 110여 개국에 4만 5,000여 개 기업을 고객으로 거느린 회사, IT(정보기술) 업계에서 보기 힘든 5%의 낮은 이직률… '비즈니스 인텔리전스'(BI) 솔루션 전문기업 SAS 인스티튜트를 설명할 때 붙는 수식어들이다. '비즈니스 인텔리전스'는 기업이 축적한 정보를 과학적으로 분석하고 가공해 기업 운영의 효율성을 높이고 경영전략 수립을 돕는 솔루션을 말한다.

4. 굿나잇 CEO는?

SAS는 1976년 통계자료 분석가였던 짐 굿나잇 박사를 비롯한 4명의 정보분석 전문가들이 설립했다.

SAS가 처음 개발한 통계분석 프로그램 '베이스 SAS'는 뛰어난 성능으로 미국 인구통계국이 인구를 집계하고 분류하는 데 사용됐다.

"SAS의 솔루션은 한 치 앞을 내다보기 힘든 상황에서 데이터를 기반으로 미래의 불확실성을 줄여 줄것"이라며

"예를 들어 유통업체가 SAS의 '가격 최적화' 솔루션을 활용한다면 요즘처럼 시장이 요동을 쳐도 안정된 판매전략을 구사할 수 있다"고 말했다.

"SAS의 솔루션은 다양한 산업 분야의 특성을 이해하지 않고는 개발할 수 없기 때문에 제품 개발 단계부터 고객과 긴밀하게 협조해야 한다"고 말했다.

"SAS는 작년 한 해에도 사상 최대의 기업용 비즈니스 분석 소프트웨어를 공급하면서 2.4%의 인력을 충원했다"며

"올해로 설립 36년째를 맞이하는 SAS는 직원들의 만족과 복지, 그리고 창의성 개발에 대한 투자는 지속될 것"이라고 강조했다.

멘토링에서 두 사람이 하나 되어 멘토링 활동 4개 과정인 인격개발, 행복개발, 동행개발, 희망개발 각 과정별로 아래 3단계 Step 체험학습이 진행된다.

1-Step: 교육체험 단계로 두 사람이 한 쌍이 되어 인격, 행복, 동행, 희망개발 교육체험에 참여한다.

2-Step: 미팅체험 단계로 두 사람이 한 쌍이 되어 12개월 운영 프로그램을 체험하면서 활동한다.

3-Step: 현장체험 단계로 두 사람이 한 쌍이 되어 월간, 계간 프로그램으로 현장체험 답사를 한다.

행복체험 1. 교육과정 체험학습: 1:1 연결 멘토링 교육 체험학습
행복체험 2. 미팅활동 체험학습: 1:1 연결 12개월 활동 체험학습
행복체험 3. 현장답사 체험학습: 1:1 연결 월·계간 답사 체험학습

행복체험 1: 교육과정 체험학습

지난해 한국보건사회연구원이 경제협력개발기구(OECD)와 유럽연합의 '웰빙과 사회진보 측정' 워크숍에서 제안된 '국가행복지수'(NIW)를 바탕으로 각국의 행복

수준을 측정한 결과를 보면, 우리나라는 경제협력개발기구 회원국 30개국 가운데 25위에 머물렀다. 특히 금년 초 조선일보에서 발표한 행복지수 통계자료는 10개국 중 최하위를 차지하고 국민 7%만이 행복을 느낀다는 자료와 이와 같이 낮은 점수는 돈에 행복의 기준을 둔다는 것이다.

멘토링의 행복지수 대안은 참여자들에게 상호 인격적인 면에서 존경과 한편 멘토링 활동을 성공적으로 수행함으로써 교인 개인의 행복감과 교회조직의 효율성을 얻기 위함이다.

이를 위하여 멘토링 활동에서 핵심역할을 담당하여 성공 여부를 쥐고 있는 멘토를 체계 있게 양성하여 책임감과 목표의식을 분명히 하고 역할 촉진을 강화해야 한다.

[행복메이커 멘토양성 교육과정]
　1. Combi 멘토: 12개월 1:1 멘토링 활동에 기본적으로 지원하는 멘토 학습과정임
　2. Golden 멘토: 멘제를 인재개발 차원에서 리더십개발을 지원하는 학습과정임
　3. Best 멘토: 조직 내 핵심인재 개발 대상으로 지원하는 학습과정임

1. 행복개발 멘토양성교육 커리큘럼(Curriculum)

1) 교육목적
멘토링 활동의 성공률을 높이기 위하여 먼저 멘토를 전인적으로 체계 있게 양성하여 교인행복, 교회행복, 주민행복을 목적으로 하고 특히 멘제의 특성과 눈높이에 맞게 멘토를 개발하는 과정이다.

2) 교육대상
　・멘토 대상자, 인재개발 위치에 있는 직분자 사역자

3) 교육과정

· Combi 멘토: 12개월 1:1 멘토링 활동에 기본적으로 지원하는 멘토 학습과정임

· Golden 멘토: 멘제를 인재개발 차원에서 리더십개발을 지원하는 학습과정임

· Best 멘토: 조직 내 핵심인재 개발 대상으로 지원하는 학습과정임

Contents 인간경영총서 10권		Combi Mentor	Golden Mentor	Best Mentor
1. 인간경영 이해	Story	0.5	2	4
2. 인간경영 스킬	Skill	3.0	8	8
3. 인간경영 리더십	Leadership	1.0	2	8
4. 개인-인간경영 게임	Game	3.0	4	12
5. 조직-인간경영 도구	Tool		2	4
6. 인간경영 전략	Strategy			4
7. 인간존중 경영	Humanity			4
8. 생산성과 경영	Management			4
9. 인간경영 매뉴얼	Manual			4
10. 인간경영 사례	Case Study	0.5	2	8
합계		8H	20H	60H

4) 교육효과

① 멘토링 원리와 현장 프로그램에 대한 올바른 이해를 갖는다.

② 멘토/멘제 상호 간 관계 촉진 커뮤니케이션이 원활해진다.

③ 멘토/멘제가 미팅 시 소재개발에 아이디어를 갖게 된다.

④ 멘토십이 개발되어 멘제를 양육하는 데 노하우를 갖게 된다.

⑤ 멘토는 리더십이 개발되어 교회에서 리더십을 인정받게 된다.

2. 행복개발 관계촉진교육 커리큘럼(Curriculum)

1) 오늘날 나타난 사회현상

① 가정-부모/부부/부자-세대 차이와 갈등 심각

② 교회-교인 간/부서 간/계층 간-갈등 심각

③ 사회-인간성 결여로 범죄의 다양화와 흉포화 초래

2) 교육과정 참석대상

① 교인 간 행복한 관계를 위하여

② 부서 간 행복한 관계를 위하여

③ 계층 간 행복한 관계를 위하여

④ 부부간 행복한 관계를 위하여

참가안내	교육내용		
	Theme	**Contents**	**Style**
[참가대상] 1. 직장: 상/하 간, 노/사 간 2. 교회: 교인 간, 목회자 간 3. 가정: 부모/부부/부자 **[교육진행]** 1. 정규교육: 20시간 2. 주문특강: 2~4시간 3. 교육장소: 현장이나 서울세미나실 **[교육교재]** 1. 멘토링 활동촉진기술 2. 멘토링 사례 모음집 **[교육특전]** 1. 수강자 간 1:1로 진행 2. 수강 후 12개월간 정보와 특선자료제공 전송서비스 3. 12개월 미팅활동과 평가자리 제공함	1. Mentoring One to One	멘토링 개념 멘토의 리더십 멘토 상담기술	각 테마별로 아래방식으로 진행함. 1. Study 　촉진강의－10분 2. Talk Time 　분임토의－30분 3. Self Show 　자기 발표－5분 4 Skill Acting 　실행－60분 5. Game 　Workshop－60분 6. 동영상 5~20분 7. 1:1 Role Play 8. 미팅 Scenario 9. 사례발표 　Case Study－20분
	2. Step 1 거래 관계 Trade	거래관계 엿보기 대화 촉진기술 Lynchpin Game	
	3. Step 2 우정 관계 Fellowship	우정관계 엿보기 소통 촉진기술 EQ Game	
	4. Step 3 인격 관계 Humanhood	인격관계 엿보기 관계 촉진기술 Star Game	
	5. Step 4 사명 관계 Mission	사명관계 엿보기 Meeting 촉진기술 Pygmalion Game	
	6. Case Study	관계 효과성 사례 해외 관계촉진사례 국내 관계촉진사례	

3. 행복개발 전문인력양성교육 커리큘럼(Curriculum)

(1) 교육목적: 교회 행복개발 전문인력으로 프로그램 전문관리자 양성이 목적으로 프로그램전문가, 인재개발리더십, 유기적 공동체 구축방법 학습함

(2) 교육참가: 목회자, 직분자, 주교교사, 교회컨설턴트 등

(3) 교육과정

① 전문가과정 20~40시간: 교회 내 프로그램 전문가 양성과정

② 전문강사 자격과정 60시간: 교회 내 강사 양성과정

③ 컨설턴트 자격과정 80시간: 교회 내외 컨설턴트 양성과정

전문연구 청소 10권	전문가 기본과정	전문가 심화과정	도사자격 강사과정	지도사자격 컨설턴트
1. Story(원리)	2	6	8	8
2. Skill(기술)	2	8	12	12
3. Leadership(리더십)	2	4	6	6
4. Game(게임)	6	10	14	14
5. Tool(도구)	2	4	8	14
6. Strategy(전략)	2	2	2	6
7. Humanity(인간성)			2	4
8. Productivity(생산성)			2	6
9. Manual(매뉴얼)	2	4	4	6
10. Case Study(사례)	2	2	2	4
합 계	20H	40H	60H	80H

4. 교육과정 효과

① 효과 1. 도입, 활동, 평가 프로그램을 체계 있게 관리할 때 저비용 고효율의 효과

② 효과 2. 분명한 멘토링 관리목표가 있기 때문에 실패율을 줄이고 성공률을 높임

③ 효과 3. 멘토링 프로그램을 전문적으로 관리하게 됨으로 장기간 지속이 가능함

④ 효과 4. 멘토링 전문자격자 역할로 자체교회에서 도입 시 저비용으로 운영 가능함

⑤ 효과 5. 멘토링 강사나 컨설턴트 자격자는 자체적으로 멘토링 비즈니스 가능함

행복체험 2: 미팅활동 체험학습

- 개인: 콤비인간성 미팅체험 활동주제
- 교회: 목회생산성 미팅체험 활동주제

1. 개인: 콤비 인간성 체험 활동주제 행복기술-5

1) 개인의 콤비 미팅체험방법

멘토와 멘제가 콤비(Combi)로 멘토링 12개월 활동을 개시하는 과정으로 주간, 월간 등으로 미팅주기를 정하여 습관적으로 미팅이 이루어지는 것이다.

2) 미팅 소재개발 방법

미팅 시 소재는 멘토가 별도 프로그램 없이 자신의 내적 핵심역량을 문답식으로 멘제에게 제공하는 방법과 별도로 행복에 관한 소재를 프로그램으로 준비해서 (행복기술-5 등) 활용하는 방법이 있다.

3) 행복기술-5 활동소재

아래에 소개하는 행복기술-5가지를 세부소재로 한 내용은 멘토링코리아에서 개발한 인격보완 프로그램으로 칭찬, 소통, 감성, 창의, 열정 기술을 개발하는 방법이다.

2. 행복 Skill-5

STEP	행복주제		참고도서
1	Pygmalion	칭찬 기술 개발	
2	Communication	소통 기술 개발	1. 멘토링 활동촉진 기술
3	Emotional	감성 기술 개발	2. 멘토링 인간존중 경영
4	Creativity	창의 기술 개발	
5	Passion	열정 기술 개발	

3. 교회: 목회 생산성 미팅체험 활동주제

1) 새신자 정착률 향상

추진배경	◇ 목적: 새신자를 체계적으로 관리하여 교인들과 유대관계를 높이고 교회 현상파악을 제대로 하여 적용을 잘할 수 있도록 함으로 정착률 향상을 목적으로 한다. 1. 유대관계 활성화 2. 교회적응 촉진 3. 정착률 향상 ◇ 방법: 멘토로 교육받은 담당교사나 직분자를 새 신자와 1:1로 연결하여 12개월 동안 세례 받아 정식교인이 될 때까지 멘토링 활동을 진행한다.
추진기본 사항-5	○ 활동목표: 새 신자 정착률 향상 멘토링 ○ 활동기간: 12개월 ○ 활동始終: 2011. 07. 01.~2012. 06. 30. ○ 멘제기준: 새 신자 후배교인(새 신자 전입자 등) ○ 멘토기준: 교사나 직분자 중 Combi Mentor(멘토 교육을 이수한 성숙교인)
기대효과	새 신자 멘제에게 멘토를 연결하여 교회 생활에서 다양한 정보와 성경지식을 제공함으로 믿음이 성장하도록 권면하고 나아가 신앙성숙의 기회를 제공한다. ◇ 교회에서 새신자 멘제들이 겪는 심리적·사회적·정서적 문제에 대한 유경험자인 직분자 멘토들의 조언과 함께 고민(Slump)을 풀 수 있는 자리를 마련해 준다. ◇ 새 신자 멘제들이 형제/자매와 같은 멘토들과 교류기회를 확대하여 한 가족의식을 고취하고 신속한 적응을 유도하여 교회 정착률을 향상시킬 수 있다.

2) 평신도 출석률 향상

추진배경	◇ 목적: 현재 교회소속 재적인원을 멘토링 인간적인 배려 프로그램을 적용하여 한마음으로 묶고, 열린 앞문은 더 크게 열고 현재 열린 뒷문을 닫아 재적인원 대비 출석률을 향상시키는 데 목적을 둔다. 1. 인간적인 배려로 교회사랑 한마음을 갖게 한다. 2. 열린 앞문과 닫힌 뒷문 전략을 세운다. 3. 재적인원 대비 출석률을 향상시킨다. ◇ 방법: 교회교인 재적부를 먼저 정리하여 현재 출석인원과 대비표를 만들고 멘토링 훈련받은 직분자(특히 장로, 권사, 집사, 멘토교육수료자 등)들을 멘토로 세워, 출석 부진자, 현재 교회를 쉬고 있는 자들을 멘제로 하여 1:1로 연결하여 12개월 멘토링 활동을 진행한다.

추진기본 사항-5	○ 활동목표: 평신도 출석률 향상 멘토링 ○ 활동기간: 12개월 ○ 활동始終: 2011. 07. 01.~2012. 06. 30. ○ 멘제기준: 출석부진자(부진 및 쉬고 있는 자 새신자 등록한 자) ○ 멘토기준: 각 부서 및 기관 직분자 중 Combi Mentor(또는 모범 및 성숙교인)
기대효과	1. 멘토링 활동으로 직분자와 평신도 간 협력과 공존관계가 이뤄진다. 2. 멘토/멘제 상호 간 관계 촉진 커뮤니케이션이 원활해진다. 3. 멘토링 활동을 통해서 상대방을 배려하는 마음을 갖게 된다. 4. 멘토십이 개발되어 직분자는 미성숙자의 양육 노하우를 갖게 된다. 5. 인간적인 배려로 출석률이 향상되고 인재경쟁력으로 이어진다.

3) 슬럼프 중보기도 회복

추진배경	◇ 목적: 교회의 조직은 특성상 다양한 구성원으로 특히 마음이 상한 자, 고독한 자, 위로받고자 하는 자 등으로 한마디로 Slump 상태에서 회복이 필요한 사람이 많다고 볼 수 있다. 이러한 치유대상이 되는 교인을 인간적으로, 심리적으로 따뜻한 위로와 치료기술로 회복시켜 주고자 하는 것이 목적이다. 1. 마음이 상한 자 위로와 친구가 되어 준다. 2. Slump 상태를 회복시켜 준다. 3. 현상 유지 삶에 격려로 활성화를 제공한다. ◇ 방법: 우선 구역장과 구역담당 목회자를 통하여 현재 Slump 상태에 있는 교인을 파악하여 멘제로 선정하고 한 사람의 특성에 맞게 멘토교육을 수료한 자 등에서 전문상담자와 직분자 등을 멘토와 연결하여 12개월 동안 중보기도 등 활동을 진행한다. 1. 두 사람 연결 내용에 관한 보안을 철저히 유지한다. 2. 1개월에 한 번씩 중요문제는 모니터링한다. 3. 수시로 멘토/멘제 관계에서 이상 유무를 점검한다. 4. 두 사람 간의 중요사항은 담임목사까지 해결에 참여한다. 5. 3개월에 한 번씩 쌍별과 그룹 평가한다. 6. 모든 활동에는 중보기도로 우선 지원한다.
추진기본 사항-5	○ 활동목표: 슬럼프(Slump) 중보기도 한마음 ○ 활동기간: 12개월 ○ 활동始終: 2011. 07. 01.~2012. 06. 30. ○ 멘제기준: Slump 교인(Slump, 가사, 교회, 자녀, 건강, 개인진로 문제교인) ○ 멘토기준: 직분자급 성숙교인 중 Combi Mentor(전문상담자나 직분자급 이상에서 우수 모범 교인 선정)
기대효과	1) 교회 구성원 간의 끈끈한 우정과 인간관계가 구축된다. 2) 멘제는 배려해 주는 멘토와 신뢰와 존경으로 한마음이 된다. 3) 중보기도로 교인원들의 고민(Slump)을 사전에 해결기회를 얻는다. 4) 상호 커뮤니케이션이 원활해짐으로 한마음 공동체가 이뤄진다. 5) 상호 남을 배려하는 마음으로 결국 교회사랑으로 연결된다.

행복체험 3: 현장답사 체험학습

1. 교인행복촉진 현장답사 소재

멘토링 활동에서 행복개발을 촉진할 수 있는 가장 핵심적인 요소는 타인배려 차원에서 상대인 멘제의 니즈와 가치관을 정확히 파악하는 것이다. 아래 주어진 소재 중에서 각각 우선순위 5가지를 선정하고 집중 처리하면 된다.

의사가 환자를 옳게 진단함으로써 신속 정확하게 치료하듯이 멘토도 현재 상태에서 멘제의 내적인 욕구를 정확이 판단한다면 중보기도와 함께 전문가에 의뢰하여 단시간 내에 필요 적절한 대응책을 강구할 수 있으므로 타인의 만족감과 행복표현으로 이어진다. 멘토링 균형 목회는 평신도만족과 하나님만족으로 교인의 만족감과 교회의 목회 효율성을 거두는 것이다.

1) 타인배려 멘제의 가치관 분석

가치관에 관한 설문	순위	가치관에 관한 설문	순위
1. 출세하기 위해서 2. 일(업무)이 좋아서 3. 돈 벌기 위하여 4. 인맥을 넓히기 위하여 5. 특정한 사명을 위하여 　(시민운동, 민주화, 환경운동 등)		6. 가족과 행복한 삶을 위하여 7. 신앙적인 사명에서 8. 부모에게 효도하기 위하여 9. 직장 친구 사귀기 위해서 10. 전공을 살리기 위하여 11. 특정한 사람을 도와주기 위하여	

2) 타인배려 멘제의 니즈 분석

Needs에 관한 설문	순위	Needs에 관한 설문	순위
1. 학위취득 2. 승진하기 3. 연봉 정하기 4. 자격취득하기 5. 상급자와 관계 6. 교육수강하기 7. 신앙에 관한 문제 8. 보직에 문제		9. 유학 가기 10. 건강문제 11. 주택문제 12. 신용카드문제 13. 가정문제 14. 결혼문제 15. 부부간 문제	

2. 교회행복촉진 목회생산성 체험현장 소재

멘토링 활동에서 균형목회는 봉사활동 향상/성경지식 향상/관계향상/핵심인재 확보 등 교회의 생산성과 직접적인 연관이 이루어질 때는 먼저 봉사에 대한 리스트 중 1) 교회에서 제시하는 봉사와 2) 멘토가 멘제에게 제시하는 봉사에 관한 리스트업을 마련해야 한다. 그 다음 예를 들어 12개월 기간 중에 목표를 정하되 숙달기간을 전할 것인가? 봉사의 질(質)을 생각해서 백분율을 정할 것인가를 사전 결정해야 한다. 그리고 활동하는 중 진전율을 기간이나 %로 표시하면 된다. 여기서 균형 목회는 인간성과 목회 생산성의 조화를 말한다.

봉사 목표 리스트

NO	봉사/사역별 리스트	세부사항	목표달성 진전비율			
			1차	2차	3차	100%
1	교사직					
2	성가대					
3	구역장					
4	차량주차직					
5	헌금수계					
6	영접팀					
7	단기선교팀					
8	단기 농어촌봉사					
9	병원 호스피스					
10	기타					

제4장
목회자 행복개발 특강

1. 목회자 행복개발 특강 커리큘럼(Curriculum)

(1) 특강과정: 목회자 핵심특강 현장출강 과정

(2) 특강참석: 목회자 직분자(교사, 성가대, 구역장, 전도회 임원 등)

(3) 특강시간: 02~04~08H(시간 선택가능)

(4) 특강교재: 멘토링 시장판매 단행본으로 특강별로 1권씩 합계 교재 4권

(5) 특강내용

① 주제 1. 성경모델: 성경에서 특강주제에 맞게 4쌍을 멘토링 모범사례로 소개했다.

② 주제 2. 특강본론: 멘토링 목회 핵심내용으로 특강별로 5개씩 총 20개를 소개했다.

③ 주제 3. 체험학습: 목회현장 적용 Plan으로 전교인 한마음 동행 위한 체험학습이다.

Hour	NO	특강 2 행복	목회진단	참고도서
2H	주제1	행복모델: 룻/나오미	우리교회 행복지수는 몇 점인가? [진단주제] 1. 교회운영	1. 멘토링 활동촉진 기술 2. 멘토링 인간존중 경영
	1장	룻의 행복배경		
	2장	룻의 행복사례		
	3장	교훈과 대안		
4H	주제 2	행복 Skill – 5		
	1장	칭찬 Skill		
	2장	소통 Skill		
	3장	감성 Skill		

Hour	NO	특강 2 행복	목회진단	참고도서
4H	4장	창의 Skill	2. 교회관리 3. 인사조직 4. 재정자산 5. 교역자 리더십	3. 멘토링 하나님만족/평신도만족
	5장	열정 Skill		
2H	주제 3	행복목회 Plan		
	1장	행복 교육체험		
	2장	행복 미팅체험		
	3장	행복 현장체험		

2. 교회 행복지수(HPI: Happy Person Index) 진단방법

(1) 진단의미: 교회 구성원인 교인들이 교회에 대하여 얼마나 행복감을 느끼는
가를 진단하여 지수로 표시하는 도구(HPI: Happy Person Index)로 일반업체는
고객만족지수(CSI: Customer Satisfaction Index)라고 한다.

(2) 진단목적: 교회는 담임목사의 목회방침에 의하여 교회가 운영되는 만큼 주
기적으로 일반 교인들을 모니터링해서 교인 눈높이를 맞춰 쌍방향 시너지
목회를 하기 위함이다.

(3) 진단방법

① 설문 작성자: 교회 전체를 잘 아는 젊은 안수집사와 권사직에서 20~50명 정
도를 선발하여 비공개로 작성 의뢰한다.

② 설문작성방법: 설문당 4점 만점으로 작성하되 본 교회에 해당 안 되거나 애
매모호한 것은 2점 처리한다. 작성 후에는 담임목사가 100% 회수하여 비공
개로 검토하고 목회에 반영한다.

(4) 분석방법: 분석 후 나의 제안에서 별도 제안서 제출

(5) 적용방법: 분석 후 나의 제안에서 적용프로젝트 선정

3. 행복지수 분석 기법

교회 내용을 제대로 파악할 수 있는 5년 이상 봉사자로 각 기관 부서 평신도
중에서 20~50명을 진단자로 선정하여 진단하고 결과는 비공개로 담임목사의 모

니터링 자료로 활용한다.
① 교회
② 직분
③ 연령

4. 우리 교회 행복지수는 몇 점인가?

구분		설문항목	4	3	2	1	0
교회운영	예배	분위기, 말씀, 시간 등에 만족한다.					
	교육	교육관, 프로그램, 교사 등에 만족한다.					
	전도	전 교인의 전도열심도가 대단하다.					
	교제	신앙분위기에서 인격적 교제가 이뤄진다.					
	봉사	전 교인이 서로 봉사에 앞장선다.					
소계 ( )							
교회관리	청소	항시 내외 환경이 깨끗하다.					
	냉난방	쾌적한 냉난방설비를 갖췄다.					
	주차장	편한 주차장과 안내를 잘 받는다.					
	컴퓨터	교회자료가 컴퓨터 처리된다.					
	차량	차량이 유효 적절히 운영된다.					
소계 ( )							
인사조직	기관	기관장과 구성원이 단합을 잘 한다.					
	자치회	회원들이 선출한 회장과 회원들이 협조가 잘 된다.					
	당회	서로 화합하고 교인들의 애로사항을 잘 해결한다.					
	제직회	모든 제직들이 교인들과 한마음으로 봉사한다.					
	부교역자	담임목사와 뜻이 잘 맞아 인기가 높다.					
소계 ( )							
재정자산	수입, 지출	수입이 많아 예산대로 집행된다.					
	재산대장	모든 교회재산이 장부에 의해 관리된다.					
	수양관 등	수양관등 교회 외부시설이 흑자다.					
	외부지출	교회 외부에 적절한 지출을 한다.					
	공개	재정이 정기적으로 공개된다.					
소계 ( )							

구분		설문항목	4	3	2	1	0
교역자리더십	비전제시	현실대응과 미래 비전 제시에 앞선다.					
	섬기는 종	교인을 위한 섬기는 자세에 만족한다.					
	청지기	겸손한 마음으로 하나님께 영광 돌린다.					
	마음자세	마음이 너그럽고 인간성이 풍부하다.					
	대인관계	지역사회, 동료관계, 교계에서 인기가 높다					
소계 ( )							

종합평가(합계 점)	100~81	80~61	60~41	40~21	21 미만
	리더교회	우수교회	잠재교회	문제교회	대응교회

5. 우리 교회 행복지수 Chart

HPI 측정표에서 5가지 주제별로 각 지수(점수)를 먼저 확인하고서 다음 단계로 들어간다. 아래 별을 보면 각 꼭지별로 5칸씩 나눠 있음을 발견할 것이다.

그러면 각 지수별 만점은 한 꼭지 당 20점임으로 한 칸에 4점씩 배점하여 실득 점수를 가지고 큰 원 속에서 오각형(실제 득점 지수)을 그리면 소속 교회의 행복 지수 시각화(視覺化)가 된다.

ⓘ 작 성 자 A:
ⓘ 작 성 자 B:
ⓘ 작성 일자:

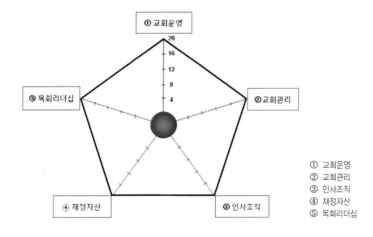

① 교회운영
② 교회관리
③ 인사조직
④ 재정자산
⑤ 목회리더십

6. 행복지수 분석 후 나의 대안

영역	교회운영	교회관리	인사조직	재정자산	목회리더십	합계
점수						

* 우리 교회에서 내가 행복을 느끼는 점은 무엇인가?

①

②

③

④

⑤

* 우리 교회에 행복을 느끼지 못하는 점은 무엇인가?

①

②

③

④

⑤

* 우리 교회가 더 행복한 교회로 되기 위한 대안 책은 무엇인가?

①

②

③

④

⑤

3부
희망개발 목회 Plan

이 코너는 교회조직을 위한 희망개발 실행프로그램이다. 희망개발의 의미는 균형가치로서 물질가치와 정신가치의 조화를 의미한다. 지금까지 한국교회는 성과목회 위주에서 물질적 성장가치에 편중함으로 심각한 정신적·윤리적 상실 후유증으로 위기를 맞고 있는 것이다.

이제는 바로 멘토링의 인간성 프로그램인 하이터치(Hightouch) 방법으로 특히 목회자가 앞장서서 정신가치 목회를 지향하고 먼저 영혼을 살찌게 하는 구원 중심의 올바른 목회 회복이 급선무인 것이다.

멘토링 전문인력을 양성하여 올바른 멘토링 프로그램을 도입한다. 특히 멘토에게 프로그램 운영을 위임하고 리더십을 발휘할 수 있도록 하여 큰 목사인 담임목사와 작은 목사인 멘토와의 균형목회 시스템으로 희망찬 교회 건설에 힘을 모아야 한다.

제1장
성경에서 Best 희망모델

1. 바울/바나바 성경 희망모델 소개

1) 희망목회 플랜

판도라상자는 그리스 신화 중에서 제우스가 완벽히 갖춘 여인인 판도라에게 준 상자다. 그런데 판도라의 호기심 때문에 뚜껑을 열었는데! 욕심, 시기, 질투, 원한, 복수, 질병 등 온갖 인간을 괴롭히는 것이 모두 **빠져나왔다.**

판도라는 너무 놀라 뚜껑을 닫아 버렸다. 희망만이 빠져나오지 못했다. 그러한 연유로 판도라의 상자라는 말이 남아 있게 되었다. 그래서 우리가 지금 희망을 안고 모든 일을 해내고 있다.

멘토링에서 희망목회는 둘이서 하나 되어 희망을 만들어 한마음 공동체를 구축하는 목회 Plan이다.

2) 바울/바나바는 왜? 희망 모델인가?

(1) 유대교에서 예수교로 전향하여 초대교회에 희망을 주었다.

당시 유대교의 엘리트 율법학자로서 예수님의 부름에 혁명적으로 율법주의자에서 복음주의자로 전향하여 초대교회에 큰 희망을 주었다.

(2) 당초 베드로를 중심한 초대교회의 틀에서 이방전도의 희망을 열었다.

베드로를 중심으로 한 예수님의 1세대 제자 중심의 초대교회가 날로 부흥 발전하던 중 바울의 소명으로 혁명적인 이방전도 희망의 문이 열리게 된 것이다.

(3) 성경 저자로서 복음에 관한 희망 메시지를 후대에 전해 주었다.

이방전도와 세계전도의 문을 열면서도 계속 성경의 저서를 남김으로 기독교의 정체성과 올바른 복음을 갈망하는 후세 신앙인들에게 놀라운 희망 메시지를 전해 주었다.

2. 바울에게 이방전도 희망을 열어 준 바나바

바나바와 바울은 신약성경에 나타난 멘토링의 모델 가운데 뛰어난 모델 중 하나이다. 바나바는 바울을 지원했고 유대 그리스도인들에게 성공적으로 연결시켜 주었다. 뿐만 아니라 바나바는 바울을 이방 기독교의 중심에 서도록 길을 만들어 준 멘토였다.
바나바는 바울이 예루살렘교회의 사도들에게 의심받고 있을 때 바울의 멘토로서 사도들로 하여금 그를 안심하고 받아들이도록 연결시키는 고리 역할을 훌륭히 수행했다(행 9:23~24). 바나바는 이곳에서 1년 이상 바울이 배우고 성장하도록 여러 기회들을 제공해 주었으며 다시 그를 안디옥으로 불러 그곳에서 말씀사역을 함께 담당했다. 그의 멘토링은 여기에서 끝나지 않는다.

바울과 바나바

안디옥교회가 바나바를 선교사로 이방세계에 파송할 때 바나바는 바울과 함께 간다. 이렇게 바나바는 바울에게 있어 목회의 멘토, 설교의 멘토, 선교 사역의 멘토가 되었다. 그 이후로 이방선교의 중심은 바나바에서 바울에게로 넘어가게 된다.

바나바의 멘토링으로 바울은 그 후에 멘토로서 디모데, 디도, 아볼로, 브리 스길라와 아굴라 등을 멘토링함으로 그의 선교사역은 그레데, 아시아의 여러 교회들(행 18:27~28)과 계시록에 나오는 일곱 교회들(계 2~3장)과 고린도 교회(행 18:1~2), 로마교회(롬 16:3~5) 등 세계교회로 뻗어 나가게 되었다.

3. 두 사람이 만든 희망 멘토링

1) 바울의 회심을 예루살렘 신자들에게 소개하다(행 9:26~27)

사울이 예루살렘에 가서 제자들을 사귀고자 하나 다 두려워하여 그의 제자 됨을 믿지 아니하니, 바나바가 데리고 사도들에게 가서 그가 길에서 어떻게 주를 본 것과 주께서 그에게 말씀하신 일과 다메섹에서 그가 어떻게 예수의 이름으로 담대히 말하던 것을 말하니라.

2) 바나바가 바울을 안디옥교회로 초빙하다(행 11:19~26)

때에 스데반의 일로 일어난 환난을 인하여 흩어진 자들이 베니게와 구브로와 안디옥까지 이르러 도를 유대인에게만 전하는데, 그중에 구브로와 구레네 몇 사람이 안디옥에 이르러 헬라인에게도 말하여 주 예수를 전파하니, 주의 손이 그들과 함께 하시매 수다한 사람이 믿고 주께 돌아오더라.

예루살렘 교회가 이 사람들의 소문을 듣고 바나바를 안디옥까지 보내니(행 11:23) 저가 이르러 하나님의 은혜를 보고 기뻐하여 모든 사람에게 굳은 마음으로 주께 붙어 있으라 권하니, 바나바는 착한 사람이요. 성령과 믿음이 충만한 자라 이에 큰 무리가 주께 더하더라. 바나바가 사울을 찾으러 다소에 가서, 만나매 안디옥에 데리고 와서 둘이 교회에 일 년간 모여 있어 큰 무리를 가르쳤고 제자들이 안디옥에서 비로소 그리스도인이라 일컬음을 받게 되었더라.

3) 두 사람이 예루살렘교회에 동행하다(행 11:27~30, 12:24~25)

그때에 선지자들이 예루살렘에서 안디옥에 이르니, 그중에 아가보라 하는 한 사람이 일어나 성령으로 말하되 천하가 크게 흉년 들리라 하더니 글라우디오 때에 그렇게 되니라.

제자들이 각각 그 힘대로 유대에 사는 형제들에게 부조를 보내기로 작정하고, 이를 실행하여 바나바와 사울의 손으로 장로들에게 보내니라. 하나님의 말씀은 흥왕하여 더하더라. 바나바와 사울이 부조의 일을 마치고 마가라 하는 요한을 데리고 예루살렘에서 돌아오니라.

4) 두 사람이 안디옥교회에서 이방전도로 파견되다(행 13:1~3)

안디옥 교회에 선지자들과 교사들이 있으니 곧 바나바와 니게르라 하는 시므온과 구레네 사람 루기오와 분봉왕 헤롯의 젖동생 마나엔과 및 사울이라. 주를 섬겨 금식할 때에 성령이 가라사대 내가 불러 시키는 일을 위하여 바나바와 사울을 따로 세우라 하시니 이에 금식하며 기도하고 두 사람에게 안수하여 보내니라.

5) 사도회의 때 두 사람이 예루살렘 여행에 동행하다(행 15:1~4)

어떤 사람들이 유대로부터 내려와서 형제들을 가르치되 너희가 모세의 법대로 할례를 받지 아니하면 능히 구원을 얻지 못하리라 하니라. 바울과 바나바와 저희 사이에 적지 아니한 다툼과 변론이 일어난지라 형제들이 이 문제에 대하여 바울과 바나바와 및 그중에 몇 사람을 예루살렘에 있는 사도와 장로들에게 보내기로 작정하니, 저희가 교회의 전송을 받고 베니게와 사마리아로 다녀가며 이방인들의 주께 돌아온 일을 말하여 형제들을 다 크게 기쁘게 하더라.

예루살렘에 이르러 교회와 사도와 장로들에게 영접을 받고 하나님이 자기들과 함께 계셔 행하신 모든 일을 말하매.

4. 멘토 바나바의 바울을 위한 영향력

1) 멘토 바나바의 전인적 서비스

인격	바나바의 전인적인 서비스	바울의 성과
전문 知	1. 변호: 바울의 회심과 개종을 변호하다. 2. 전도: 바울을 이방전도의 개척자로 삼다	1. 천사: 몸은 약하나 마음은 천사이다. 2. 우정: 제자를 많이 두었다. 3. 이방: 이방전도 개척자이다. 4. 저자: 성경 최다 저자이다. 5. 사명: 기독교를 세계 종교화한 자다.
정서 情	1. 부모: 바울 회심 후 아버지 같은 역할이었다. 2. 성격: 서로 다르지만 후에 서로 서신 왕래하다. 3 호위: 바울 생명을 노리는 자로부터 호위자다.	
의지 意	1. 소개: 전도자의 리더로 큰 그릇으로 소개하다. 2. 역량: 바울을 따뜻이 포용하여 역량 발휘토록 하다. 3. 대표: 이방전도자 대표로 추천했다. 4. 우대: 안디옥교회서 바울을 자기보다 우대했다.	

2) 멘토링 활동 평가표

구분	평가진단도구	만점	득점	조정	평점
인격	두 사람은 인격적인 관계가 이뤄졌는가?	20	20	가 10, 감 5	25
다수	얼마나 다수의 멘토가 동원되었는가?	10	0		0
역량	멘토의 지식, 기술, 운동, 학문 등 역량을 전부 전수해 주었는가?	20	20		20
리더	자기 분야에 최고의 리더로 성장했는가?	20	20		20
위대	멘토 자신보다 위대하게 성장했는가?	20	20		20
후계	도움받은 바울이 후계자를 양성했는가?	10	10		10
합계		100	90		95

3) 두 사람 간 희망 멘토링의 모범 모델

* 바나바와 바울의 멘토링은 신약에서 어려운 주변 여건을 극복하고 성공적이고 모범적인 멘토링 모델을 이루어 낸 것이며 특히 바울의 디모데 등 후계자 멘토링은 성경에서 예수님 다음으로 가장 돋보이는 내용이다.

(1) 바나바를 통하여 바울이 예루살렘교회에 받아들여진 것은 기독교역사의 한 획을 그을 수 있는 사건이다.

(2) 멘토 바나바의 도움으로 바울은 획기적인 이방전도의 새 길을 개척하게 된다.

(3) 바울의 후계자 멘토링은 디모데, 디도, 아볼로, 브르스길라와 아굴라 등으로 이어진다.

(4) 두 사람은 성격 차이로 불화하여 중간에 헤어진 것은 감점 대상이다.

(5) 바울이 디모데 등 계속해서 후계자로 양성한 것은 가점(加點) 대상이다.

1. 박성수 회장3) 경영 희망모델 소개

1) 희망 Happy 경영 Plan

세계 10대 경제대국으로 올라선 한국에서 톱 재벌인 삼성, 현대, LG, SK 등 경영자 중에서 친기독교인이 없다는 것은 안타까운 일이다.

그동안 E-Land는 신앙을 바탕으로 지식경영에 주력하면서 노사관계에서 원칙론과 기술유출 이직자에게 법적 소송으로 대처해 왔었다. 그러나 최근 180도 경영혁신으로 종사원에게 물질가치와 정신가치로 대우를 약속하면서 관리 중심에서 인간 중심으로 희망경영 Plan을 선포했다.

멘토링에서 희망경영은 주어지는 것이 아니라 두 사람이 하나 되어 희망을 만드는 것이다.

2) 박성수 회장은 왜? 희망 모델인가?

(1) 최근 혁신경영 희망 Plan을 선포했다.

직원들의 임금을 최고 50% 인상하고, 순이익의 10%를 적립해 은퇴하는 직원들에게 주기로 했다. 이 같은 파격적인 제도 도입은 검소하기로 소문난 박성수 회장 (57)의 혁신의 결단이며 오늘이 아닌 내일의 희망경영 Plan이다.

---

3) 매경이코노미(2010. 12. 27) 심윤희 기자 취재자료

(2) 그동안 관리 중심에서 앞으로 인간 중심 경영으로 전환했다

이랜드가 '패션 사관학교'로 불리게 된 것도 팍팍한 교육으로 기본기가 제대로 된 패션전문가를 키워 내고 있기 때문이다. 하지만 이렇게 애써 키운 인재들을 경쟁업체들이 거액의 연봉을 앞세워 빼가는 일이 잦아졌다. 박 회장이 업계 최고 수준이라는 인간경영 카드를 꺼내든 것도 직원들을 지키고, 전력을 정비해 글로벌 기업으로 나가겠다는 의지의 표현이다.

(3) 앞으로 계속 신앙을 바탕으로 한 정도경영을 실현할 것이다

창업 이래 이랜드는 오늘날까지 이중장부 없이 투명한 회계장부로 정도경영을 실현하고 있는 것이다.

2. 박성수 회장의 경영철학

E·LAND
이랜드

출생: 1953년 3월 1일
소속: 이랜드그룹(회장)
학력: 서울대학교 건축공학 학사
경력: 1998~ 이랜드그룹 회장
1986: 이랜드 대표이사
1980: 이랜드 창업

"또 하나의 '신의 직장'이 탄생했다." "짠돌이로 소문난 이랜드에 무슨 일이 벌어진 거지?"

지난 22일 이랜드가 직원들의 임금을 최고 50% 인상하고, 순이익의 10%를 적립해 은퇴하는 직원들에게 주기로 했다고 발표하자 터져 나온 반응이다. 이 같은 파격적인 제도 도입은 검소하기로 소문난 박성수 회장(57)의 결단이었다. 창사 30

년을 맞은 이랜드는 매출 7조 원, 영업이익 5,000억 원이라는 최고의 실적을 거뒀다. 그는 그 공을 묵묵히 따라와 준 직원들에게 돌리기로 한 것이다.

특히 순이익을 떼어 낸 은퇴자들에게 노후보장자금으로 주기로 한 결정에 직원들이 감동했다는 후문이다. 이랜드 지주회사의 지분 70%가량을 박 회장이 소유하고 있기 때문에 사실상 자신의 몫을 직원들에게 나눠 주는 셈이기 때문이다. 박 회장의 평소 검소한 모습을 잘 알기에 직원들이 보내는 박수는 더 컸다.

박 회장은 승용차 '카니발'을 손수 몰고 출퇴근한다. 점심은 항상 집에서 싸 온 도시락을 애용하고, 사무실에서는 자장면을 즐겨 먹는다. 해외출장 때도 비행기는 늘 이코노미석만 고집한다. 청바지를 자주 입고, 수행원 없이 혼자 매장 곳곳을 방문한다.

그의 소탈함을 보여 주는 이런 일화도 있다.

1990년 겨울 졸업을 앞둔 한 여대생이 신입사원 면접을 보러 이랜드 사옥을 방문했다. 중년 남성 여러 명이 로비에서 청소하고 있었다. 면접장소를 몰랐던 그녀가 사람 좋아 보이는 한 '아저씨'에게 장소를 물었다. 몇 시간 뒤 면접장에 들어선 그녀는 면접관을 보고서 아연실색했다. 면접장을 알려 줬던 아저씨가 바로 박 회장이었기 때문이다.

박 회장은 "회사가 성장하더라도 창업 당시의 초심을 잃지 않고 늘 겸손하게 행동해야 한다"고 입버릇처럼 말한다. '김밥 송년회' 전통도 그 연장선이다.

박 회장은 매년 연말이면 임원 50여 명과 함께 한자리에 모여 김밥을 만다. 송년회 때 김밥을 말아 같이 먹을 만큼 어려웠지만 꿈이 있었던 초창기를 기억하고 전수하겠다는 게 박 회장의 생각이다. 인수·합병을 통해 식구들이 많이 늘었지만 그는 이 전통을 이어 가고 있다.

이런 박 회장의 생활습관 때문에 1990년대 중반까지만 해도 이랜드맨 하면 '아침밥을 담은 도시락 가방을 든 채로 해도 뜨기 전에 회사에 나오는 사람들'로 업계에 알려져 있었다.

박 회장이 새벽 6시에 출근하며 독려한 탓에 직원들도 '아침형 인간'이 되지 않을 수 없었다.

이렇게 체계화된 '윤리경영 원칙'은 1997년 외환위기 때 이랜드를 구하는 힘이 됐다. 유동성 위기에 몰려 회사가 부도 직전까지 가는 상황에서 미국의 투자회사로부터 3,200만 달러의 외자를 유치할 수 있었다.

워버그핀크스가 이중장부 없이 투명한 회계장부를 가진 이랜드의 정도경영을 확인하고 투자 결정을 내린 것이다. 박 회장은 당시 투자 유치에 대해 '장부 하나 들고 가서 따낸 계약'이라고 말하곤 한다.

3. 희망 플랜(Hope Plan)

이랜드그룹(회장 박성수)이 올해 매출 10조 원, 영업이익 1조 원을 달성한다는 야심찬 목표를 세웠다.

이랜드그룹은 12일(2011년 1월) 올해 매출과 영업이익 목표를 각각 10조 원, 1조 원으로 세웠다고 밝혔다. 이는 사상 최대 실적을 기록한 지난해 매출 7조 4천억 원, 영업이익 4천900억 원보다 각각 35%, 104% 늘어난 것이다.

이랜드 관계자는 "해외사업 호조와 그룹 역점 사업의 연착륙으로 그룹 전반의 사업체질이 강화되고 있다"며 "올해는 보다 공격적인 경영으로 성장과 수익의 두 마리 토끼를 잡아 '매출 10조 – 영업이익 1조 클럽'에 가입하는 원년이 될 것"이라고 밝혔다.

작년 말 업계 최고 수준의 임금을 골자로 임직원 보상 시스템을 도입한 이랜드는 또 급격한 사세확장에 맞춰 창사 이래 최대 규모인 2천500명을 올해 채용할 예정이다. 이랜드 관계자는 "임직원에 대한 처우를 획기적으로 개선하고 올해 우수 인력을 대거 채용해 글로벌 기업으로 도약하는 발판을 마련하겠다"고 말했다.

제3장
희망개발 체험학습 Plan

멘토링에서 두 사람이 하나 되어 멘토링 활동 4개 과정인 인격개발, 행복개발, 동행개발, 희망개발 각 과정별로 아래 3단계 Step 체험학습이 진행된다.

1-Step: 교육체험 단계로 두 사람이 한 쌍이 되어 인격, 행복, 동행, 희망개발 교육체험에 참여한다.

2-Step: 미팅체험 단계로 두 사람이 한 쌍이 되어 12개월 운영 프로그램에 체험하여 활동한다.

3-Step: 현장체험 단계로 두 사람이 한 쌍이 되어 월간, 계간 프로그램으로 현장체험 답사를 한다.

희망체험 1. 교육과정 체험학습: 1:1 연결 멘토링 교육 체험학습
희망체험 2. 미팅활동 체험학습: 1:1 연결 12개월 활동 체험학습
희망체험 3. 현장답사 체험학습: 1:1 연결 월·계간 답사 체험학습

84   멘토링 목회 리더십

체험 1: 교육과정 체험학습

1. 목회자대상: 희망교회 개발과정

교회 희망메이커로서 멘토링 방식으로 먼저 인격적으로 존경받는 목회자, 그리고 희망찬 목회리더십을 학습하는 과정이다.

(1) 감성역량개발 희망 프로그램
칭찬기술, 소통기술, 감성기술 등의 학습으로 감성리더십을 보완한다.

(2) 권한위임 목회 희망 프로그램
멘토링 방식인 3324시스템으로 운영되고 있는 미팅교회(멘토와 멘제가 1:1로 미팅하면서 운영하는 쌍별교회) 운영권을 주고, 큰 목사인 담임목사가 멘토를 작은 목사로 위임하여 희망찬 교회개발에 공동으로 참여토록 한다.

(3) 임상목회 기술실습 희망 프로그램
목회 현장의 평신도 소리 모니터링방법과 환경분석진단 실습을 학습한다.

리더십교육(인격적인 목회)				3324 미팅교회 12개월 운영방법	경영진단실습 모니터링목회
역량개발		기술개발			
멘토링 핵심주제	−1.0	리더십 예비진단	−1.0	Mentor 프로그램 −1.0	교회 조직진단 3가지 도구 −2.0
Best Mentor 리더십	−0.5	칭찬형 리더십	−1.0	Project 프로그램 −1.0	목회자 개인진단 3가지 도구 −1.0
Best Mentor Self Story	−0.5	소통형 리더십	−1.0	System 프로그램 −1.0	직분자(멘토)진단 3가지 도구 −1.0
Best Mentor 역량 나눔 Q&A	−1.0	감성형 리더십	−1.0	Process 프로그램 −1.0	
Cyber 교육	−1.0				
4H×10=40H		4H		4H	4H

[교육과정 효과]
① 효과 1. 인간 존중 목회와 목회자 개인의 인격역량개발로 희망목회 리더십

을 갖춘다.

② 효과 2. 교인의 양과 질 관리의 시너지로 희망찬 유기적 공동체 조직이 가능하다.

③ 효과 3. 멘토링 목회 Skill-5 역량 개발되어 교회경쟁력 개발의 계기를 만든다.

④ 효과 4. 교회 내외 고객 만족으로 희망적인 목회 서비스 질을 동시에 높일 수 있다.

⑤ 효과 5. 행복한 교인/희망찬 교회로 이탈방지가 되어 뒷문 닫는 효과를 얻는다.

2. 교인대상: 희망생애 개발과정

이 과정은 희망찬 미래 생애개발을 위하여 자기개발/건강개발/생애개발/노후개발 기술을 체계적으로 적용하여 재테크뿐만 아니라 건강, 가족, 신앙 등 종합적으로 노후대책을 마련해 주는 프로그램이다.

참가안내	교육내용		
	Theme	**Contents**	**Style**
[참가대상] 1. 연령: 개인 30~60대 2. 교회: 직분자/연로한 자	1. Mentoring One to One	멘토링 개념	각 테마별로 아래 방식으로 진행함 1. Study 촉진강의-10분 2. Talk Time 분임토의-30분 3. Self Show 자기 발표-5분 4. Skill Acting 실행-60분 5. Game Workshop-60분 6. 동영상-5~20분 7. 사례발표 Case Study-20분
		멘토의 리더십	
		멘토 상담기술	
[교육진행] 1. 정규교육: 20시간 2. 주문특강: 2~4시간 3. 교육장소: 현장이나?	2. Self Design 자기개발	가치개발 엿보기	
		자기개발 Skill	
		EQ Game	
[교육교재] 1. 맨토링 생애진단도구 2. 멘토링 활동촉진기술	3. Health Design 건강개발	관계개발 엿보기	
		건강개발 Skill	
		Lynchpin Game	
[교육특전] 1. 수강자가 원하면 1:1로 남성쌍, 여성쌍, 부부쌍을 연결하여 준다.	4. Life Design 생애개발	인격개발 엿보기	
		생애개발 Skill	
		Star Game	
2. 12개월 멘토링 월간 정보와 특선자료를 전송 서비스하여 준다.	5. Oldage Design 노후개발	리더개발 엿보기	
		노후개발 Skill	
		Pygmalion Game	
3. 12개월 멘토링 미팅활동/평가 프로그램을 제공하여 성공을 지원한다.	6. Case Study	관계성 사례	
		해외 관계사례	
		국내 관계사례	

3. 목회자대상: 리더십 교육과정

목회자를 대상으로 멘토링교육의 프로그램 방향은 아래와 같은 인격을 갖춘 목회자의 상(像)에 모델을 삼는다.

1) 인격적인 멘토 목회자 像

① 교회 안팎에서 인격적으로 존경받고 있는 목회자

② 자신의 역량을 나눔(Sharing)에 앞장서는 목회자

③ 교계에서 합리적인 리더십으로 인정받고 있는 목회자

여기서 인격교육 프로그램이란 주제는 초대 멘토의 수학, 철학, 논리학 교재를 근거로 지·정·의(知·情·意)를 상징하는 것을 말한다.

2) 목회자 리더십 교육과정 소개

Module		기본과정	중급과정	고급과정
1. 인간경영 이해	Story	1	2	2
2. 인간경영 스킬	Skill	1	4	4
3. 인간경영 리더십	Leadership	2	2	4
4. 개인-인간경영 게임	Game	3	4	8
5. 조직-인간경영 도구	Tool		4	4
6. 인간경영 전략	Strategy		2	4
7. 인간존중 경영	Humanity			2
8. 생산성과 경영	Management			2
9. 인간경영 매뉴얼	Manual		2	4
10. 인간경영 사례	Case Study	1	4	6
합 계		8H	24H	40H

3) 교육과정 효과

① 인간 존중 목회자로서 개인의 인격역량 개발로 합리적 리더십을 갖춘다.

② 교회 구성원의 양과 질 관리의 시너지로 유기적 공동체 조직이 가능하다.

③ 멘토링 목회 전략-5를 학습함으로써 인재경쟁력 개발의 계기를 만든다.

④ 교회 내외 고객 만족의 목회 서비스 질을 동시에 높일 수 있다.

⑤ 오늘의 행복한 교인/내일의 희망찬 조교회로 인간존중 공동체를 구축한다.

체험 2: 미팅활동 체험학습

- 개인: 콤비인간성 미팅체험 활동주제
- 교회: 목회생산성 미팅체험 활동주제

1. 개인: 콤비 인간성 체험 활동주제 인간가치 - 5

1) 개인의 콤비 미팅체험방법

멘토와 멘제가 콤비(Combi)로 멘토링 12개월 활동을 개시하는 과정으로 주간, 월간 등으로 미팅주기를 정하여 습관적으로 미팅이 이루어지는 것이다.

2) 미팅 소재개발 방법

미팅 시 소재는 멘토가 별도 프로그램 없이 자신의 내적 핵심역량을 멘제에게 문답식으로 제공하는 방법과 별도로 인간가치에 관한 소재를 프로그램으로 준비해서(인간가치 - 5 등) 활용하는 방법이 있다.

3) 행복기술 - 5 활동소재

아래에 소개하는 인간가치 - 5가지를 세부소재로 한 내용은 멘토링코리아에서 개발한 인격보완 프로그램으로 인성, 관계, 리더, 혁신, 성과 가치를 개발하는 방법이다.

4) 행복기술 -5 소개

STEP	희망주제		참고도서
1	Humanity	인성 가치 개발	
2	Relation	관계 가치 개발	1. 멘토링 인간가치경영
3	Leader	리더 가치 개발	2. 인간 그리고 멘토링
4	Innovation	혁신 가치 개발	
5	Performance	성과 가치 개발	

2. 교회: 목회 생산성 미팅체험 활동주제

○ 희망 1: 직분자 업무능력 향상

● 내용 1: 교회봉사 업무능력 향상이란?

교회 경쟁력 강화를 위한 자율학습 프로그램으로 [업무능력 향상 멘토 1:1 12개월 프로그램]이다. GE그룹 사례를 활용하여 현장에서 적용하는 방법을 소개한다.

◎ 사례 1. 식스시그마 업무향상 멘토링[GE Group 사례]

- GE그룹을 상징하는 경영기법으로 Six Sigma는 업무 차이와 인간 차이를 줄여 제품의 생산 수율을 최고로 높이고자 하는 것으로 30년간 유지함으로써 성공프로그램으로 인정받고 있다. 인간 차이를 줄이는 방법으로 전공정과 후공정 간에 멘토 시스템을 도입하여 업무 차이뿐만 아니라 인간적으로 한마음으로 인간벨트를 구축하여 성공률을 높이는 멘토링이다.

◎ 사례 2. 인터넷 업무향상 멘토링

- GE그룹 임원들의 업무취약부문인 인터넷을 업그레이드하는 멘토링으로 임원 600명과 인터넷기술이 우수한 젊은 사원 600명을 역(Reverse)으로 연결하여 6개월간 1:1로 진행하여 세계 최초 성공적인 성과를 거둔 임원 멘토링이다.

교회봉사 업무적용분야		봉사업무모델	업무세분
교회 각 조직별로 직분자 및 사영자로서 봉사업무 선정은 단위 부서의 특성에 맞게 선택하여 멘토/멘제를 1:1로 연결 12개월 진행한다.		주교사역 부서 1:1	1. 교재활용 업무 2. 교사개발 업무
		성가사역부서 1:1	1. 성가기술 업무 2. 대원개발 업무
멘토: 선배 직분자 Golden Mentor	1) 선임 봉사자 2) 자격 분야 3) 지적 소유권 분야 4) 전문 분야	전도사역부서 1:1	1. 전도기술 업무 2. 대원개발 업무
		구역사역부서 1:1	1. 구역장역할 업무 2. 구역원개발 업무
멘제: 후배 직분자	1) 봉사 후배 직분자 2) 봉사 업무 미숙 직분자	지역사회봉사 1:1	1. 지역봉사기술 업무 2. 지역주민관리 업무

○ 희망 2: 목회자 핵심역량 향상

● 내용 2: 목회자 핵심역량개발이란?

목회자 개인 경쟁력 강화를 위한 지식전수 목회 프로그램으로 [핵심 역량개발 멘토 1:1 12개월 프로그램]이다. 핵심역량 내용은 전문적·정서적·의지적, 즉 전인적인 분야다.

◎ 사례 3. 핵심인재 개발 멘토링[GE Group사례]

- GE그룹의 임원들은 멘토 찾기에 전력을 기울인다. 한 가지 사례로 플라스틱 부서 여성 CEO로 승진한 샤린 베글리(40세)는 "나는 임원 멘토링을 통하여 혹독한 수련 기간을 거쳐 20년 배울 것을 6년에 끝냈죠"라고 말했다.

  특히 잭 웰치와 현 이멜트 회장의 1년간 후계자 성공 멘토링은 삶 전체의 멘토링으로 업무뿐만 아니라 인간관계, 의사소통, 경험담으로 진행되었다.

◎ 사례 4. 우수인재개발 멘토링

- GE그룹의 인사관리 원칙은 A급(우수) 사원 20%, B급(보통) 사원 70%, C급(퇴출) 사원 10%로 구분하여 관리한다. 특히 보통사원에서 우수사원으로 승급하는 데 1:1 멘토링 프로그램이 필수적이다. 1999년에는 우수사원으로 진급자 중 멘토로부터 멘토링 받은 자는 거의 전부인 80%다.

목회 핵심역량 개발 적용분야		핵심 역량모델	핵심 역량세분
교단소속 목회자로서 선후재간에 핵심역량이나 목회전문 지식이전 (Sharing)을 해줌으로써 상호 핵심역량 개발의 기회를 갖는다. 멘토링 지식경영 프로그램으로 선후배 목회자를 1:1로 연결 12개월 등 일정기간 진행한다.		핵심역량가치 지식전수 목회 Sharing	1. 인격가치 2. 관계가치 3. 리더십가치 4. 혁신가치 5. 성과가치
멘토: 선배목회자 중 Best Mentor	1) 선배목회자 2) 핵심역량 소지목회자 3) 탁월한 리더십 목회자 4) 전문 목회기술 목회자	핵심역량 기술 지식전수 목회 Sharing	1. 칭찬기술 2. 소통기술 3. 감성기술 4. 창의기술 5. 열정기술
멘제: 목회 희망자 신임 목회자 부교역자 대상	1) 후배 및 신입 목회자 2) 전문 및 핵심지식 배우고자 하는 후배 목회자 3) 신대원생		

○ 희망 3: 직분자 관계활성화 멘토링

추진배경	◇ 목적: 교회 각기관 및 부서에서 봉사하고 있는 직분자와 사역 봉사자들의 선후배 간의 대화 활성화와 각 기관 부서 간 사역업무에 관하여 서로 간 협조를 이끌어 내어 전교회적으로 네트워크를 형성하여 직분자의 역할 강화와 사역 봉사자의 활성화에 목적을 둔다. 1. 직분자(장로, 권사, 집사 등) 선후배 대화 활성화와 역할 강화 2. 사역 봉사자(부서 및 기관별 봉사자)의 업무 협조화와 활성화 부서 기관－주교교사, 구역장, 전도회 임원 성개대원 및 제직회 소속 각 팀이나 위원회에서 봉사자 3. 전 교회적으로 업무 및 Human Net Work 형성으로 체계화 ◇ 방법: 멘토링 교육을 이수한 선배 직분자와 선배 봉사가 멘토가 되고 후배 직분자와 신입봉사자나 미숙 자를 멘제로 하여 1:1 연결하고 12개월 동안 멘토링 활동을 진행한다.
추진기본 사항－5	○ 활동목표: 직분자 관계촉진 한마음 ○ 활동기간: 12개월 ○ 활동始終: 2011. 07. 01.~2012. 06. 30. ○ 멘제기준: 후배직분자 및 봉사자(신입, 봉사자, 직분자 미숙자 등) ○ 멘토기준: 선배 직분자 및 봉사자 중 Combi Mentor(선배 직분자 및 봉사자 경력자 등)
기대효과	1. 직분자 선배/후배 간에 대화가 원활해짐으로 관계가 돈독해진다. 2. 타 부서와 기관끼리 업무협조가 원활히 이루어진다. 3. 교회 내 업무가 전략적인 차원에서 체계적으로 협조가 된다. 4. 멘토 그룹의 미팅효과로 교회 내 자율학습 분위기가 활발해진다. 5. 인적 및 업무 네트워크가 형성됨으로 봉사 시스템이 구축된다.

미팅활동 12개월 적용 4-Process Program

1. 4-Process 12개월의 진행의 필요성

　멘토링은 일회성이 아니고 멘토/멘제가 활동하는 데 일정기간이 필요하게 된다. 아울러 활동에 필요한 사람 투자, 설비 투자, 자금 투자가 필요하게 되는데 교회에서는 이에 대한 생산성 효과를 반드시 측정하는 것이 원칙이다. 멘토링의 목적은 투자를 감안한 인간성 바탕 위에 생산성효과를 얻기 위함이다.

　개인 멘토링에서는 기간에 큰 문제가 없지만 교회에서는 목표에 의한 평가 문제가 반드시 대두되기 때문에 일반적으로 교회의 법정 회기(會期)에 맞게 12개월을 최소 단위 기간으로 설정한 것이다. 그러나 가장 적합한 기간은 8-Projects 하나하나에 특성과 형편을 감안하여 정하는 것이다.

2. 미팅활동 12개월의 의미(Meaning)

① 12개월은 우리 인생의 기본 단위로 멘토/멘제가 12개월 활동하는 것은 아주 자연스러운 기간이다.

② 12개월은 교회조직에서 업무를 정리하고 평가하는 한 회계기간으로 멘토링 활동도 조직경영의 틀 안에서 이뤄짐으로 타당한 기간이다.

③ 12개월은 기업에 지원기간으로 특히 새신자의 이탈률이 1년 내 가장 많은 것도 함께 고려한 기간이다.

④ 12개월은 미팅 활동 최소기간으로 교회 제도적 멘토링 프로그램으로 관리하고 기간이 종료하면 그 후 자유롭게 전통적 방식의 멘토링으로 전환하여 평생까지 가능하다.

⑤ 12개월 동안에 멘토가 멘제를 성숙시켜 자신과 같은 멘토로 재생산하여 다음 기회의 멘토링에서 멘토로 함께 활동하는 것이 최상의 성공 멘토링이다.

⑥ 일반 사회 결혼도 사전에 철저히 준비해서 독립 가정을 이루게 하듯이 멘토/멘

제도 12개월 기간에 학습그룹과 운영그룹에서 책임 있게 지원하여 차후 성숙된 멘토링으로 발전한다.

3. 4-Process 12개월의 내용

멘토링 활동을 효율적으로 관리하기 위하여 4개 과정(4-Process)을 나누는데 편의상 준비과정, 교육(도입)과정, 12개월 활동과정 그리고 최종 평가과정으로 구분했다.

1) Process 1 - 준비과정

준비과정 단계	과정진행 프로그램
환경분석 ⬇ TF Team ⬇ 운영매뉴얼	준비과정은 시행 전 3개월 동안 멘토링 활동 12개월 실행을 위하여 미팅교회 운영매뉴얼을 작성하고 4개 프로그램-관리, 교육, 활동, 평가-을 설계한다. [교회 환경분석(토양-Soil-테스트)] 1. HPI 행복지수 진단도구, 2. HCI 희망지수 진단도구 3. SWOT 강약지수 진단도구 [TF Team] 1. 교회 멘토링 위원장, 2. 모니터(매니저) 3. 멘토/멘제 [운영매뉴얼 5가지 선행 조건 작성] 1. Project(활동목표), 2. 활동기간, 3. 활동시종, 4. 멘제그룹 5. 멘토그룹

2) Process 2 - 교육과정

교육과정 단계	과정진행 프로그램
멘토/멘제 선정 및 교육 Workshop 겸행 멘토 ⬍ 결연식 ⬍ 멘제 1:1 결연식 진행	교육과정은 활동개시 Workshop을 시작으로 멘토/멘제 상견례 그리고 1시간 정도 당회장 참석하에 결연식 순서를 진행하고 마지막으로 이벤트 식 만찬에 멘토/멘제를 초대한다. [교육과정] 전문가과정: 20~80H 멘토과정: 08~60H 목회자과정: 04~40H Workshop: 04~20H 인격개발과정: 08~40H [결연식] 멘토/멘제 1:1 결연식 프로그램 진행

3) Process 3 – 활동과정

활동과정 단계	과정진행 프로그램
개인/그룹 미팅 모니터링 상담/설문 보고활동 문제점 발견 대응활동	활동과정은 멘토/멘제가 12개월 동안 개인활동, 전체모임인 그룹활동 등을 위한 프로그램이다. 활동 촉진을 위하여 주간별 서비스, 월간서비스, 계간서비스, 마지막 종료 서비스를 제공한다. 주/월간미팅 개인활동 1. 주간 정기 미팅활동 2. 월간 정기 미팅활동 월간보고활동 1. 멘토 월간 활동보고서 계간미팅 그룹활동 1. 보수교육 2. 중간 평가 3. 그룹친목회

4) Process 4 – 평가과정

평가과정 단계	과정진행 프로그램
멘토링 성과측정 측정결과 토의 결론 상호 존중	평가과정은 멘토링 참가자들에게 책임감과 자부심을 갖게 하는 것으로 정량/정성 평가로 구분하여 실시하고 종료 후에 멘토 인증서를 제공한다. [정량평가] 1. 유지율 2. 정착률 3. 성과율 4. 확보율 5. 달성률 6. 회수율 [정성평가] 1. 멘토링 사역 만족도 2. 관계 만족도 3. 활동 만족도 4. 교회조직 만족도 [인증서 수여] 1. 멘토인증서 수여

4. 미팅활동 12개월 일정표(Schedule)

멘토링 활동 기간은 바로 멘토/멘제 활동 기간이 기준이 된다. 멘토링 활동 기간 설정은 멘토링 활동 Project에 좌우된다. 특별히 금번 소개하는 12개월 일정표는 3개월을 준비과정으로 하고 실행과정 12개월로 설정하여 샘플로 소개하는 것으로 교회에서 실정에 맞게 목표선택과 활동기간은 주문형으로 가능하다.

구분	예비1	예비2	예비3	실행1	2	3	4	5	6	7	8	9	10	11	12	1
준비과정 1. 운영안 작성 2. 매뉴얼 개발 3. Semi On Line 4. 주간 email 영상개발	□	□	□													
교육 과정 1. 전문가 양성 과정 2. 직분자 과정 3. Workshop 과정 4. 보수교육 과정 5. 결연식 과정				□ □ □ □			□				□			□		
활동과정 1. 그룹-계간활동 2. 개인-주간활동 3. 멘토 월간보고 4. 멘제 월간보고 5. 월간 현장 컨설팅					□ □ □ □	□ □ □ □ □	□ □ □ □	□ □ □ □	□ □ □ □	□ □ □ □	□ □ □ □	□ □ □ □	□ □ □ □	□ □ □ □		
평가과정 1. 정성/정량평가 2. 멘토인증서 3. 우수자 포상 4. 종료식						□			□			□		□		□ □ □ □

체험 3: 현장답사 체험학습

1. 희망 체험활동 미래생애 영역별 균형가치 설계소재

균형가치 생애영역별 목표: 물질가치/정신가치

멘토와 멘제가 둘이서 각자 자신이 성취하고자 하는 생애 목표들을 물질가치와 정신가치로 영역별로 소재를 구분 정리하여 상호 균형 있게 설계할 수 있도록 아래 열거한 자료를 참고하여 현장체험 학습을 진행한다.

NO	영역	영역설계 소재	
1	가정	1. 부부관계 증진 3. 가장의 리더십 5. 자녀결혼	2. 부부활동 4. 본인 결혼 6. 자녀교육
2	경제	1. 신혼기 재테크 3. 가족 성장기 재테크 5. 은퇴기 재테크 7. 부업 설계	2. 가족 형성기 재테크 4. 가족 성숙기 재테크 6. 집 장만 설계 8. 맞벌이 설계
3	건강	1. 건강 검진 3. 스포츠 계획 5. 연령별 운동 설계 7. 성인병 대책	2. 체력 증진 4. 몸 가꾸기 6. 금연 설계 8. 노후 건강
4	직업	1. 직장인 사명 설계 3. 업무 전문성 설계 5. 경력 개발 설계 7. 정년 은퇴 설계	2. 업무 목표 설계 4. 승진 성계 6. 40대 위기 대책 설계 8. 개인 생산성 향상 설계
5	정신	1. 취미 활동 설계 3. 갈등관리 5. 사회봉사 활동 7. 여행 계획	2. 스트레스 해소 설계 4. 종교, 신앙계획 6. 가족 간의 여가시간 활용 8. 교양설계
6	창조	1. 자기 개발 투자 3. 평생 교육 설계 5. 자격 취득	2. 생애 영역 확대 4. 창업 설계 6. 회사업무 관련 자격취득

2. 희망체험활동 장래성지수(FDI: Future Development Index)

멘토링 리더십에서 장래성(Futurity) 향상인가?

멘토링에 참여하는 사람들의 미래 희망찬 생애를 가꾸기 위하여 아래 3가지 영역을 미리 진단하여 그 결과를 가지고 멘토와 멘제가 대안을 세우는 데 참고 자료로 활용하면 된다.

① 가정영역 설계테스트

② 직업영역 설계테스트

③ 경제영역 설계테스트

－설문만점: 1개당 2.0(매우 좋다)－1.5－1.0－0.5－0.0(매우 좋지 않다)

－참고점수: 설문내용을 이해할 수 없을 때는 1점으로 계산한다.

－현재득점: 설문 10개 합계점수

－목표점수: 20점 만점－현재득점

－목표관리: 목표점수 업그레이드는 미팅활동에서 다루고 계속 3개월 만에 재점검한다.

－상호 협조: 멘토와 멘제는 미팅할 때 상호 간 공개하여 목표점수를 관리하면서 돕는다.

1) 가정영역

번호	가정영역 소재	점수
1	본인결혼 설계	
2	가족 간 여가선용 설계	
3	가장의 리더십 설계	
4	가정의 종교관계 설계	
5	자녀출산 설계	
6	자녀교육 설계	
7	자녀결혼 설계	
8	부부취미 활동 설계	
9	부부사회 활동 설계	
10	노후 대책 설계	
소 계		

2) 직업영역

번호	직업설계 소재	점수
1	직장인 사명 설계	
2	업무 목표 설계	
3	업무 전문성 설계	
4	승진 설계	
5	경력 개발 설계	
6	직업관련 자격 취득 설계	
7	40대 위기 대책 설계	
8	개인 생산성 향상 설계	
9	개인 리더십 개발 설계	
10	정년 은퇴 설계	
소 계		

3) 경제영역

번호	경제영역 소재	점수
1	결혼 준비 재테크 설계	
2	신혼생활 재산 재테크 설계	
3	신혼생활 집장만 재테크 설계	
4	부부간 부업 설계	
5	맞벌이 설계	
6	가족 형성기 재테크 설계	
7	가족 성장기 재테크 설계	
8	가족 성숙기 재테크 설계	
9	사회봉사 재테크 설계	
10	은퇴기 재테크 설계	
소 계		

제4장
목회자 희망개발 특강

1. 목회자 희망개발 특강커리큘럼(Curriculum)

(1) 특강과정: 목회자 희망개발 핵심특강 현장출강 과정

(2) 특강참석: 목회자 직분자(교사, 성가대, 구역장, 전도회 임원 등)

(3) 특강시간: 02~04~08H(시간 선택 가능)

(4) 특강교재: 멘토링 시장판매 단행본으로 특강별로 1권씩 합계 교재 4권

(5) 특강내용

① 주제 1. 성경모델: 성경에서 특강주제에 맞게 4쌍을 멘토링 모범사례로 소개 했다.

② 주제 2. 특강본론: 멘토링 목회 핵심내용으로 특강별로 5개씩 총 20개를 소개했다.

③ 주제 3. 체험학습: 목회현장 적용 Plan으로 전교인 한마음 동행 위한 체험학습이다.

Hour	NO	특강 4 희망	목회진단	참고도서
2H	주제 1	희망모델: 바울	우리 교회 희망지수는 몇 점인가?	1. 멘토링 인간가치경영
	1장	바울 희망배경		
	2장	바울 희망사례		
	3장	교훈과 대안		
4H	주제 2	인간 Worth−5		
	1장	인성가치		

Hour	NO	특강 4 희망	목회진단	참고도서
4H	2장	관계가치		
	3장	리더가치	[진단주제]	
	4장	혁신가치	1. Humanity 전략	2. 멘토링
	5장	성과가치	2. Twoway 전략	인간존중경영
2H	주제 3	희망목회 Plan	3. C. R. M 전략	
	1장	희망 교육체험	4. High Touch 전략	
	2장	희망 미팅체험	5. Mindship 전략	
	3장	희망 현장체험		

2. 교회 희망지수(HCI: Happy Church Index) 진단방법

1) 희망분석 5 INDEX

제도적 멘토링에서 우선적으로 접근 대상이 어느 영역에 멘토링을 도입할 것인가이다. 그러하기 위해서는 교회현장에서 미래희망에 관한 내용 파악이 제대로 이루어져야 한다.

(1) 오늘날 대부분 리더들은 '경천애인', '인재제일', '인간중심'의 목회이념을 말하고 있지만 목회 현장에는 인간 존중에 관한 실행 프로그램은 찾기 힘들다.

(2) 멘토링은 각 조직마다 하이테크 부작용으로 인하여 상실된 인간성을 회복하기 위한 인간존중 실행 프로그램이다. 아울러 인간성 바탕 위에 목회 생산성 효과를 얻고자 하는 것을 목표로 삼고 있다.

(3) 멘토링을 도입하기 전에 먼저 교회 환경분석 기법으로 미래희망 지수측정을 실시할 것을 권한다. 실시 후에는 아래 3가지 효과를 거둘 수 있을 것이다.

① 효과 1: 멘토링을 우선적으로 도입해야 할 분야를 알게 된다.

② 효과 2: 목회자가 측정자료로 미래목회를 체계적으로 실행이 가능하다.

③ 효과 3: 멘토, 멘제 등 참여자들이 자부심과 책임감과 교회 충성도가 높아진다.

결국은 이 지수를 업그레이드함으로써 교회 개인은 능력개발의 성과를 얻을 수 있고 교회조직은 희망찬 미래 사랑의 공동체가 구축될 수 있다.

희망지수(HCI) 측정도구		
지수 목표 인재전략분야	측정분야별 착안점	인간존중지수표 만점 중 - (득점)
① Humanity 전략 ② Twoway 전략 ③ C.R.M 전략 ④ High Touch전략 ⑤ Mindship 전략	한 사람 가치중심 목회인가? 신뢰와 위임쌍방 목회인가? 고객과 사원만족 목회인가? 생활의 현장인성 목회인가? 사원의 마음 얻는 목회인가?	만점 20점( ) 만점 20점( ) 만점 20점( ) 만점 20점( ) 만점 20점( ) 합계( )

탁월 81~100	우수 61~80	보통 41~60	미흡 21~40	부족 0~20

3. 우리 교회 희망지수는 몇 점인가?

▢ 본 점검표는 각 교회의 절대평가이기 때문에 설문에서 어느 것이 맞고, 틀리다고 할 필요는 없다. 측정자가 자신의 교회의 지금까지 교회 인재개발의 흐름을 사실대로 측정하면 된다.

▢ 이 측정표 작성자는 교회의 전체를 알 수 있는 직분자, 10년 이상 출석자급에서 선발자(20~50명)와 목회자급에서 선발자로 구분하여 평가하고 그 결과를 비교 분석한다.

▢ 다음의 각 설문을 읽고 5점 만점에 실제 점수를 아래 공란에 기록하라.

탁월	우수	보통	미흡	부족
5	4	3	2	1

주제	NO	진단설문도구
인간성목회 Humanity	1	우리 교회는 교인을 위한 포용력이 넓다.
	2	한 사람일지라도 중시한다.
	3	먼저 은사에 맞게 봉사를 한다.
	4	교인들이 목회의 비전이나 목표를 뚜렷이 알고 있다.
신뢰목회 Twoway	5	교인들을 신뢰하여 위임전결이 확대되어 있다.
	6	부서 간 봉사업무/직분 상하 간 대화가 잘 이뤄지고 있다.
	7	직분자들의 언행일치로 교인들에게 신뢰도가 높다.
	8	새 방침 시행 전에 교인에 알려 공감대가 이뤄진다.

주제	NO	진단설문도구
만족목회 CRM	9	우리 교회의 지역봉사는 지역에서 인정 받고있다.
	10	교인들의 신앙성숙을 위하여 적극 투자한다.
	11	교인 개인별 자료 파일(Data Base)이 비치되었다.
	12	목회자가 교인들에게 약속한 내용은 틀림없이 지킨다.
감성목회 Hightouch	13	교인들이 특별히 친목행사를 많이 하는 편이다.
	14	교인들의 성격유형과 취미나 특기개발이 되어 있다.
	15	가족적인 분위기와 팀워크가 중요시되어 있다.
	16	교회 밖에서도 친목이 잘 되고 개인생활도 지원해 준다.
마음목회 Mindship	17	고충 처리 등 슬럼프에 빠진 교인을 바로 챙겨 준다.
	18	공로상 모범상 우수상 등 표창을 받은 교인이 많다.
	19	교인들이 봉사한 만큼 칭찬을 받아 만족도가 높다.
	20	우리 교회는 책망보다 칭찬을 훨씬 많이 한다.
합계		직분자 그룹평균( ), 멘토 그룹 평균( )

4. 우리 교회 희망지수 Chart

HCI 측정표에서 5가지 주제별로 각 지수(점수)를 먼저 확인하고서 다음 단계로 들어간다. 아래 별을 보면 각 꼭지별로 5칸씩 나눠 있음을 발견할 것이다. 그러면 각 지수별의 만점은 한 꼭지당 20점임으로 한 칸에 4점씩 배점하여 실득 점수를 가지고 큰 원 속에서 오각형(실제 득점 지수)을 그리면 소속 교회의 희망 지수 시각화(視覺化)가 된다.

차병원 49.9, 한전남동발전 66.2, 삼성세크론 46.2, 농림부 48.1

우정사업본부 47.1, * 노동부 36.3~54(노동부는 8개월 후에 54로 향상)

 작성자 A:
 작성자 B:
 작성 일자:

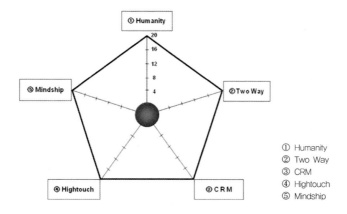

① Humanity
② Two Way
③ CRM
④ Hightouch
⑤ Mindship

5. 희망 분석 후 나의 대안

영역	Humanity	Twoway	CRM	Hightouch	Mindship	합계
점수						

* 우리 교회의 좋은 점은 무엇인가?

①

②

③

④

⑤

* 우리 교회의 문제점은 무엇인가?

①

②

③

④

⑤

* 우리 교회 더 좋은 조직으로 되기 위한 대안책은 무엇인가?

①

②

③

④

⑤

4부
동행개발 목회 Plan

이 코너는 지역주민을 위한 동행개발 실행 프로그램이다. 멘토링 동행 목회 Plan의 의미는 타인을 배려하는 마음에서 이기주의에서 이타주의로의 균형주의를 의미한다. 특히 지역주민과 멘토와 멘제로 연결되어 신뢰와 존경으로 한마음 동행을 이루는 것은 이웃사랑을 실천하는 가장 아름다운 기독교 정신이다.

이 한마음 동행 프로그램은 먼저 교회 직분자들이나 대학생 봉사대원들이 멘토 프로젝트에 참여하여 지역주민 중에서 특히 청소년 멘토로, 그리고 노년층 멘토로 봉사하는 것으로 교회와 지역사회를 하나로 묶는 든든한 인간벨트(Human Belt) 역할을 하는 것이다.

제1장
성경에서 Best 동행모델

1. 다윗/요나단 성경 동행모델 소개

1) 동행 멘토링 관계촉진 3단계(Step)

다윗과 요나단

Step 1. 우정단계 – 골리앗을 물리친 다윗에 호감을 가졌다.
다윗이 불레셋 적장 골리앗을 비무장 상태로 물리친 후부터 사울 왕의 맏아들 요나단은 사울 왕의 후계자였음에도 불구하고 놀랍게도 다윗에게 호감을 갖고 헌신적인 우정을 보였다(삼상 20:31).

Step 2. 인격단계 – 신뢰와 존경으로 한마음을 가졌다.
다윗이 요나단의 아버지 사울의 부름으로 궁궐에 출입하게 되면서 둘은 깊은 우정을 쌓아 갔다. 나중에 사울이 다윗을 질투하여 죽이려 하자 그 뜻을 요나단이 알고 다윗을 위험에서 구해 주기까지 했다. 요나단은 왕자였지만 그 자리에 대한 욕심보다 다윗을 아끼고 인격적으로 상호 간 신뢰와 존경하는 한마음이 되었다.

Step 3. 사명단계 – 서로 간 생명과 왕권을 귀하게 여겼다.
요나단은 자기 아버지가 다윗을 증오한다는 것을 알게 되었을 때 친구를 두둔하였다(삼상 19:1~7). 요나단은 십황무지에서 다윗이 장차 왕이 되겠다는 약속을 했다(삼상 23:15~18). 결국 다윗은 이스라엘 2대 왕이 되었다.

2) 두 사람 동행 멘토링 효과(Result)

① 왕권 전수: 다윗은 요나단의 도움을 받고 이스라엘 2대 왕위를 승계하다.

② 성군다윗: 다윗 왕은 이스라엘에서 성군으로 추앙받다.

③ 므비보셋: 다윗 왕은 요나단의 불구아들을 왕자처럼 여겼다.

2. 동료 간 아름다운 동행 멘토링

1) 다윗이 골리앗을 쓰러뜨렸을 때 다윗의 마음과 연락(삼상 17:56~58, 18:1)

왕이 가로되 너는 이 청년이 누구의 아들인가 물어보라 하였더니, 다윗이 블레셋 사람을 죽이고 돌아올 때에 블레셋 사람의 머리가 그 손에 있는 채 아브넬이 그를 사울의 앞으로 인도하니, 사울이 그에게 묻되 소년이여 누구의 아들이뇨 다윗이 대답하되 나는 주의 종 베들레헴 사람 이새의 아들이니이다. 사울에게 말하기를 마치매 요나단의 마음이 다윗의 마음과 연락되어 요나단이 그를 자기 생명 같이 사랑하니라.

2) 요나단은 다윗을 자기 생명같이 사랑하여 더불어 언약을 맺었으며 요나단이 자기의 입었던 겉옷을 벗어 다윗에게 주었고 그 군복과 칼과 활과 띠도 그리하였더라(삼상 18:3~4)

3) 아버지 사울 왕의 잘못을 눈물로 간하여 다윗을 구하는 데 온갖 노력을 아끼지 않았다(삼상 19:1~7, 20:16~17)

사울이 그 아들 요나단과 그 모든 신하에게 다윗을 죽이라 말하였더니 사울의 아들 요나단이 다윗을 심히 기뻐하므로, 그가 다윗에게 고하여 가로되 내 부친 사울이 너를 죽이기를 꾀하시느니라 그러므로 이제 청하노니 아침에 조심하여 은밀한 곳에 숨어 있으라. 요나단이 다윗의 집과 언약하기를 여호와께서는 다윗의 대적들을 치실지어다 하니라. 요나단이 다윗을 사랑하므로 그로 다시 맹세케 하였으니 이는 자기 생명을 사랑함 같이 그를 사랑함이었더라.

4) 요나단은 사울 왕이 다윗을 죽이려는 계교를 암호로 활을 쏘아서 벗어나게 했다. 그리고 다윗을 옹호하다가 사울 왕의 격노를 사고 핍박을 받았다(삼상 20:30~34)

요나단이 그 부친 사울에게 대답하여 가로되 그가 죽을 일이 무엇이나이까 무엇을 행하였나이까. 사울이 요나단에게 단창을 던져 치려한지라. 요나단이 그 부친이 다윗을 죽이기로 결심한 줄 알고 심히 노하여 식사 자리에서 떠나고 달의 제이 일에는 먹지 아니하였으니 이는 그 부친이 다윗을 욕되게 하였으므로 다윗을 위하여 슬퍼함이었더라.

5) 요나단은 십황무지에서 다윗이 장차 왕이 되고 자기는 다음이 되겠다는 약속을 했다. 그리고 영영 헤어졌다(삼상 23:15~18)

다윗이 사울의 자기 생명을 찾으려고 나온 것을 보았으므로 그가 십황무지 수풀에 있었더니, 사울의 아들 요나단이 일어나 수풀에 들어가서 다윗에게 이르러 그로 하나님을 힘있게 의지하게 하였는데, 곧 요나단이 그에게 이르기를 두려워 말라 내 부친 사울의 손이 네게 미치지 못할 것이요 너는 이스라엘 왕이 되고 나는 네 다음이 될 것을 내 부친 사울도 안다 하니라. 두 사람이 여호와 앞에서 언약하고 다윗은 수풀에 거하고 요나단은 자기 집으로 돌아가니라.

3. 멘토 요나단의 다윗을 위한 영향력

1) 다윗을 위한 전인적인 서비스

인격	요나단의 다윗을 위한 전인적인 서비스	요나단의 도움으로 다윗의 성과
전문 知	1. 장비: 군복과 칼과 활을 언약으로 주었다. 2. 전쟁: 다윗의 전쟁 승리를 왕께 변호했다.	1. 정보: 사울의 전략을 사전 탐지했다. 2. 환영: 백성들의 환영이 사울을 능가했다. 3. 왕위: 사울 왕 후계자로 인정받다. 4. 승리: 골리앗에게 패배를 안기고 승리했다. 5. 성군: 온 백성으로부터 성군으로 추앙받다.
정서 情	1. 눈물: 다윗을 위해 눈물로 사울 왕을 구했다. 2. 위협: 사울이 요나단을 창으로 위협했다.	
의지 意	1. 왕위: 다윗이 왕 될 것으로 인정했다. 2. 흥망: 사울의 패망과 다윗을 우선했다. 3. 승리: 골리앗으로부터 승리를 축하했다. 4. 생명: 다윗을 생명 걸고 보호했다.	

2) 아름다운 동행 멘토링 평가표

구분	평가진단도구	만점	득점	가점	평점
인격	두 사람은 인격적인 관계가 이뤄졌는가?	20	20	5	25
다수	얼마나 다수의 멘토가 동원되었는가?	10	10		10
역량	멘토의 지식, 기술, 운동, 학문 등 역량을 전부 전수해 주었는가?	20	20		20
리더	자기 분야에 최고의 리더로 성장했는가?	20	20		20
위대	멘토 자신보다 위대하게 성장했는가?	20	20		20
후계	도움받은 다윗이 후계자를 양성했는가?	10	5		5
합 계		100	95	5	100

3) 동료 간 동행 멘토링의 최우수 모델

① 다윗과 요나단의 멘토링은 동료 간 멘토링으로 특징을 들 수 있다.

② 두 사람의 멘토링 관계는 육신을 넘어 신앙/생명적 관계로 이어졌다.

③ 후에 다윗은 요나단의 아들 므비보셋에게 사랑을 표시하고 그를 적극 보호 하였다.

④ 다윗이 후계자로 솔로몬을 선정한 것은 멘토링 평가에서 가점(加點)의 대상 이 되었다.

제2장
경영에서 Best 동행모델

1. 이나모리 가즈오 회장[4] 경영 동행모델 소개

1) 동행경영 플랜

경영의 귀재로 일본에서 가장 존경받고 있는 이나모리 가즈오 교세라 그룹 회장!

그는 창업 이래 계속 성장, 감원 없는 기업, 그리고 전원 참여 경영으로 세계 초일류 기업을 이룬 탁월한 경영의 선구자다.

특히 이나모리 회장은 구체적으로 '아메바 경영 기법'을 통하여 구성원과 신뢰와 존경하는 마음으로 명실공히 아름다운 동행을 이루었으므로 동행 멘토모델로 선정하여 벤치마킹 대상으로 소개한다.

멘토링에서 아름다운 동행경영은 주어지는 것이 아니라 두 사람이 하나 되어 신뢰와 존경으로 동행을 만들어 가는 것이다.

2) 이나모리 회장은 왜? 희망 모델인가?

(1) 경영자의 인격

경영 책임자인 CEO뿐만 아니라 아메바 소집단에 참여하는 직원 한 사람 한 사람을 경영자로 간주한다.

---

4) 한국경제신문(2011. 2. 21.) 문혜정기자취재자료

(2) 한마음 직원행복 경영

능력보다 사람됨됨(품성)이를 중시하고 말단부터 사장까지 한마음으로 회사의 목적을 직원의 행복 추구에 두고 있다.

(3) 전원참여 아메바 경영

아메바 경영에서 중요한 것이 전원 참가 경영이다. 사원들이 더 이상 단순한 노동자가 아닌 함께 일하는 파트너라는 사명감을 줘 기업 발전에 장애가 되는 노사 대립을 해소할 수 있다.

대가족주의에 기반을 두어 '전 사원의 물심양면에 걸친 행복을 추구함과 동시에 인류, 사회의 진보발전에 공헌한다'는 경영 이념을 공유하고 있다.

또 회사 경영 실태, 회사의 문제점까지 전 사원에게 공개함으로써 구성원들에게 경영자 마인드를 심어 주고 있다.

2. 이나모리 가즈오 회장의 경영철학

출생: 1932년 1월 21일 일본
학력: 가고시마 대학 공학부를 졸업
경력: 1959년 교세라그룹
　　　1984년 다이니덴덴을 설립
　　　1984년 재단법인 이나모리 재단 설립
수상: 1998년 백남준이 교토 상을 수상
저서: 아메바경영, 카르마 경영, 소호카의 꿈, 성공을 향한 정열,
　　　이나모리 가즈오의 철학 스탠포드

1) 경영철학

인간으로서 바른길이 무엇인지 생각하며 행동하고 경영하라. 공명정대하고 성실하게 최선을 다하라. 경영자는 인격자이어야 한다.

2) 저서: 『아메바 경영』

CEO 이나모리 가즈오 교세라그룹 명예회장이 70이 넘은 나이에 최초로 공개한 자신의 경영바이블, 『아메바 경영』이 번역 출간되었다. 끝없이 분열하는 아메바처럼 거대한 기업을 독립채산이 가능한 조직으로 계속 나누어 사원들의 전원참가 경영이 가능하도록 이끌고, '이나모리즘'이라는 독특한 경영철학과 열정으로 교세라를 세계 최고의 세라믹 회사로 만든 이나모리 명예회장의 경험과 철학을 만날 수 있는 책이다. 이 책은 자서전식 경영방침이 아닌 조직행위론, 관리회계와 같은 케이스 스터디가 들어 있어서 경영자는 물론 조직 만들기에 고민하고 있는 관리자와 직원들, 특히 인사·경리 담당자들의 필독서다.

3. 교세라 그룹소개

교세라 주식회사(Kyocera Corporation, 京セラ株式会社)는 일본 교토부 후시미구에 본사를 둔 전자기기, 정보기기, 태양전지, 세라믹 관련 기기 제조회사이다. UFJ그룹의 계열사이다.

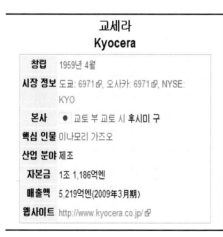

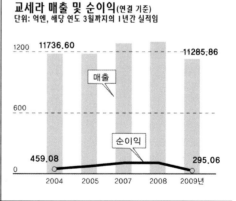

1) 회사목적

능력보다 사람됨됨(품성)이를 중시하고 말단부터 사장까지 한마음으로 회사의 목적은 직원의 행복 추구에 두고 있다.

2) 아메바 경영

이나모리 가즈오 교세라 명예회장이 1960년대부터 시작한 혁신 경영 기법. 회사 조직을 비즈니스가 성립되는 최소 단위로 잘라 독립채산제를 실시토록 하는 것이다. 단세포 원생동물인 아메바처럼 소집단이 제각각 생존토록 한다는 의미에서 붙여진 이름이다. 아메바 경영은 자연스러운 동기에서 탄생했다. "처음에 28명이던 사원 수가 5년도 안 돼 100명, 200명으로 불어나자 혼자서는 관리가 어려웠다. 20~30명씩 소집단을 만들고, 리더를 정해 관리시키면 어떨까 생각했다. 그게 아메바 경영의 출발점이다. 최소 5명에서 수십 명까지 속한 교세라의 아메바들은 하나의 소기업처럼 움직인다. 아메바끼리는 외부 기업과 마찬가지로 엄격한 가격을 정해 거래한다. 따라서 아메바별로 매월 매출과 비용 등 영업손익이 계산된다. 이를 아메바 소속원의 노동 시간으로 나눠 '시간당 채산성'까지 뽑는다. 그러다 보니 각 아메바가 매출은 최대로 올리고 비용은 최소로 억제하기 위해 노력한다. 이 과정에서 직원들 한 명 한 명이 경영자 의식을 가진다는 게 아메바 경영의 큰 장점이다."

(1) 전략기획 조직직영 방법

세계적인 저성장기조 속에서 지속적으로 성장을 이어 가고 있는 일본 교토 지역 기업들의 내성 요인을 확인하고 싶어 하는 한국기업이 늘고 있다. 특히 교토기업의 대표 격인 교세라 그룹은 아메바 경영이라는 독창적 경영 철학과 관리 기법을 통해 앞서 나가고 있다. KMAC(한국능률 협회컨설팅)는 교세라의 아메바 경영을 집중 탐구할 수 있는 글로벌 연수 프로그램을 운영하고 있다.

일본 교세라그룹 이나모리 가즈오 전 회장은 아메바 경영을 탄생시켜 교세라의 탁월하고 독특한 성장을 견인했다. 초기 교세라는 한때 제품개발, 생산, 영업 등 경영 관리의 한계를 드러냈다. 이 당시 이나모리 가즈오 회장의 고민은 '늘어나는 조직과 조직원을 혼자 관리하는 데 한계가 있으니 소집단 조직으로 나누면 어떨까', '소집단을 소집단 리더에게 맡겨 관리하면 어떨까', '어차피 회사를 소집단으로 나눈다면 조직을 독립 채산으로 할 수 없을까'였다. 이와 함께 '직원들의 참여의식을 높이고 의욕을 이끌어 낼 수 있는 좋은 방법은 없을까', '변화무쌍한 기업 환경에 신속히 대응하기 위한 조직의 형태는 뭘까'도 고민거리였다.

이나모리 회장이 이런 한계를 극복하기 위해 탄생시킨 것이 아메바 경영이며, 이는 교세라의 급성장을 가능하게 한 원동력이 됐다. 아메바 경영이란 회사를 소집단으로 잘게 나누고 그 조직을 독립채산으로 운영하는 방식이다.

각 조직의 책임과 성과를 세부적으로 파악하고, 구성원들의 주인의식을 높여주는 효율적인 조직관리방식인 것이다. 교세라에는 아메바 조직이 약 3,000여 개에 이르고 있다. 아메바 경영은 조직경영 실태를 파악하는 데 유리해 어느 부문에서 개선이 필요한지, 어느 부문에 더 힘을 쏟을 것인지 쉽게 찾을 수 있다. 아메바 경영의 구성요소는 크게 '부문별독립채산제도' 와 '전원참가경영'으로 나뉜다. 부문별 독립채산제도는 사내매매제도, 시간당 채산표를 통해 이뤄지고 있고, 전원참가경영은 대가족주의, 경영이념 공유, 회사정보 공개를 통해 이뤄 내고 있다.

(2) 시간당 채산관리로 책임경영

부문별 독립채산제도는 기업 내에서 일정한 사업부문을 독립시켜 경영하고 결산하는 것이다. 사내 매매제도는 매출을 최대화하고 경비를 최소화하는 것으로 일례로 제조공정상에서도 원료 부문과 성형 부문 사이에 거래가 이뤄진다. 원료 부문에서 하나의 원료를 성형 부문에 매매할 경우, 원료 부문에서는 판매로 인한 수입이 되고 성형 부문에서는 구입으로 인한 지출이 된다. 이를 통해 시장의 흐름에 유연하게 대응할 수 있게 된다.

(3) 시간당 채산표는 무엇일까.

이는 누구나 이해할 수 있고 작성할 수 있게 만든 채산표를 통해 관리하고 책임경영을 실현하는 것이다. 시간당 채산은 총부가가치(매출－경비)를 총노동 시간으로 나눠서 산출한다. 시간당 채산관리에서 필요한 것은 과거의 숫자가 아닌 살아 있는 현재의 숫자다. 3개월 전에 출하된 제품의 제조원가는 의미가 없다. 제품을 판매할 때 가격은 원가와는 관계없이 시장에서 정해지기 때문에 몇 개월 전의 원가자료를 바탕으로 경영을 하다가는 하루가 다르게 바뀌는 시장가격에 대응하지 못하기 때문이다.

또 회사의 모든 아메바는 현재의 시장가격을 기준으로 채산을 관리해야 한다. 시장 가격의 변화에 유연하게 대응하면서도 항상 우위를 지켜야만 목표로 하는 부가가치나 이익을 확보할 수 있다. 이런 의미에서 시장 가격의 변동이 아메바 간 매매가격에 즉시 반영돼 회사 전체가 시장의 변화에 적시 대응할 수 있다. 아메바 경영을 실현하기 위해서는 부문별 채산관리 실천 매뉴얼이 있다.

이 매뉴얼에 따라 연간계획, 월간관리, 일일관리가 이뤄진다. 연간계획은 회사, 사업부, 각 아메바가 엄밀한 시뮬레이션 반복 후 작성된다. 월간 관리는 시간당 채산표에 의거해 월간단위로 당월 대책이 적절했는지, 입안한 대로 대책을 실시했는지를 파악하고 재반영한다. 일일관리는 하루하루의 업무 진척 상황을 전원이 파악하고 시스템에서 계산됨으로써 리더는 이를 확인하고 구성원들과 공유할 수 있다.

(4) 전원 참가 경영 구현

아메바 경영에서 중요한 것이 전원 참가 경영이다. 사원들이 더 이상 단순한 노동자가 아닌 함께 일하는 파트너라는 사명감을 줘 기업 발전에 장애가 되는 노사 대립을 해소할 수 있다. 대가족주의에 기반을 두어 '전 사원의 물심양면에 걸친 행복을 추구함과 동시에 인류, 사회의 진보발전에 공헌한다'는 경영 이념을 공유하고 있다.

또 회사 경영 실태, 회사의 문제점까지 전 사원에 공개함으로써 구성원들에게 경영자 마인드를 심어 주고 있다.

아메바 조직의 구성원칙은 ▲ 아메바는 독립채산조직으로 성립돼 상호 간 수입과 지출이 발생, ▲ 하나의 아메바 조직은 하나의 비즈니스로 완결되는 단위, ▲ 회사 전체의 목적과 방침에 어긋나지 않는 범위 내에서 분할할 것, ▲ 채산 단위가 확실하지 않은 조직은 더 세분화하고 낭비가 발생하는 조직은 통합, ▲ 조직을 고정화하지 않고 사업 전개에 따라 자유롭게 분할하거나 통합하는 것이다.

3) 아메바 경영의 오해와 진실

아메바 경영도 다른 경영의 방법들처럼 발전을 지속해 가고 있다. 많은 사람들이 아메바 경영에 대해 의구심을 갖는 사항을 질문과 대답으로 엮어 봤다.

(1) 아메바 간 이해 대립으로 많은 갈등이 발생한다?

아메바들이 회사 전체의 이익이 아닌 부문 이익 극대화에 집중할 수 있다는 우려다. 하지만 교세라에서는 '무엇이 바른길인가'를 판단기준으로 부문 이기주의 해소를 도모하고, 갈등이 발생한 아메바들의 상위 리더가 공정한 판단력으로 중재를 시도한다.

(2) 채산실적이 아무리 좋아도 금전적 보수제도는 취하지 않는다?

거액의 승급이나 상여금은 사람의 마음을 중시하는 교세라 철학에 부합하지 않는 것은 사실이다. 하지만 채산실적은 장기적으로 보면 처우에 반영되고, 동료들 사이의 칭찬과 감사라는 정신적 영예를 부여하고 있다.

(3) 낭비가 되는 경비를 완전히 없애는 근육질 경영을 해야 한다?

근육질 경영이란 이익을 낳지 않는 재고나 설비는 일체 가지지 않은 것을 의미한다. 아메바 경영에서는 장기 부진 재고를 신속히 처리해 재고 자산을 슬림화한다.

그 원칙은 생산성 향상과 경영효율을 항상 비교해 투자 의사결정을 하고 있다는 점이다. 또 재고의 획기적 축소를 통한 경제적 효과를 도모하며 필요한 것을 필요한 때 구입하는 것을 원칙으로 한다.

(4) 노무비는 경비가 아니다?

아메바 경영에서 사람은 비용이 아니라 부가가치를 낳는 원천으로 생각한다.

독립채산 시에도 노무비는 비용으로 계산하지 않는다. 대신 아메바 총노동 시간 개념을 반영해 채산성을 계산한다. 총노동 시간이라는 정시간, 잔업 시간, 부내 공통 시간, 간접 공통 시간으로 구성된다. 단 파트타이머는 시간이 아닌 경비로 산정한다.

4. 이나모리 가즈오 회장 특별자료선집

· 특선 1. 인재육성 철학
· 특선 2. 경영인을 위한 회계학
· 특선 3. 참경영인의 길-10

1) 특선 1. 인재육성 철학

1995년 일본 경영자들은 세계에서 가장 존경하는 경영인으로 교세라그룹의 이나모리 가즈오 회장을 뽑았다. 그 이유는 확고한 이념과, 철학과, 미래를 읽는 능력과, 결단력이 있기 때문이라고 한다.

교세라는 1959년 파인 세라믹 업체로 출발한 이래 지금까지 지속된 흑자 경영으로 지속 성장을 이룩하고 있는 경이적인 기업이다. 그렇다면 오늘의 교세라가 세계 굴지의 독보적인 기업으로 성장 발전할 수 있었던 그 핵심 경쟁력은 무엇일까?

그것은 아마도 이나모리 회장의 남다른 인재관과 인재육성철학에 해답이 있다. 그의 인재 육성에 대한 철학을 중심으로, 국내기업의 인재교육 및 육성방향에 대해 정리해 보자.

(1) 존재의 목적을 찾아 주다

현재의 직장에서 자신의 존재 목적을 잃고, 찰나적인 직장 생활을 하는 직장인들이 늘어나고 있다. 이는 생계 유지수단일 뿐 취미나 레저 등 즐기는 것을 보람으로 삼는 젊은 직장인들이 많아졌기 때문이다. 시대의 흐름상, 어쩌면 당연한 일인지도 모르겠지만, 그것이 전부라 한다면, 뭔가 허무하지 않겠는가? 즉 열심히 자기의 업무를 함으로써 보람을 느끼고, 그 일을 통해 세상에 유익을 주고, 내 자신도 행복을 느끼는 삶의 공간이 바로 현재 나의 일터임을 인지하게끔 하여 줄 때, 이것이야말로 시대가 바뀌어도 변하지 않는 직장 생활의 본질이라고 생각한다. 경영층이 자신감을 갖고, 조직 구성원들에게 끊임없이 그들의 존재목적과 중요성을 찾아 줄 때, 분명 구성원들도 동감하고 귀를 기울여 줄 것이다. 그때 비로소 직장인에서 직장~인(직튵인=장기 근속자)으로 진화되어 갈 것이라고 믿는다.

(2) 높고 깨끗한 비전을 키워 주다

물질에는 가연성, 불연성, 자발성 3가지 형태가 있듯이, 이나모리 회장은 인재도 이와 같은 세 가지 방법으로 분류한다. 교세라가 필요로 하고 육성코자 하는 인재는 자신의 에너지를 스스로 활활 타오르게 하는 자발성 인재이다.

왜냐하면 그들은 자신의 에너지를 다른 사람에게도 줄 수 있기 때문이다. 자발성 인재는 특수하면서도 고결한 대의명분을 가지고 마음속에 자신과 조직이 성취하고자 하는 것을 생생하게 구체화함으로써, 높고 깨끗한 야망을 키워 나간다. 동기와 방법이 고결하다면, 결과에 대해서는 걱정할 필요가 없다. 즉 이를 위해 당당하고 떳떳한 고도의 차원 높은 교육목표를 설정하여 그들의 비전을 설정하여 줄 때, 우리 구성원들의 에너지 수준은 최고의 상대가 될 수 있는 것이다.

(3) 염원을 신념으로까지 끌어 올린다

상황망동(狀況妄動)형 인재를 키워서는 안 된다. 상황망동형이라는 것은, '이렇게 하고 싶다'라고 생각하지만, 사회분위기나 경제상황을 살피고 나서는, 곧바로 실현하기 어려운 일로 치부해 버리는 사람을 말한다. 상황을 이해하면 할수록, 불가능하다는 결론으로 자신을 몰아가는 것이다. 반면에, 마음 깊은 곳에서부터 이렇게 되고 싶다는 강한 바람을 가진 인재라면, 주위 환경이 아무리 어렵더라도, 염원을 실현시키는 방법을 생각해 낸다. 여기서 바로 노력과 창의성이 생겨나는 것이다. 똑같이 어려운 환경에 놓여 있어도, 상황망동형 사람은 상황이 안 좋다는 것을 알고는 그 결과 자신의 바람이 모호하다는 것을 깨달을 뿐이지만, 마음 깊은 곳으로부터의 울림을 신념까지 끌어 올린 인재는 문제를 어떻게 해결할 것인가 하는 창의적인 구상과 노력을 시작한다. 결국, '상황은 나에게 유리하지 않다'라는 것을 깨닫는 순간, 자신의 염원을 버리는 인재와 다음 순간 다시 한 번 용기를 내는 인재와의 차이인 것이다. 조직 내에서 멋진 걸음을 걷는 사람과 좌절에 좌절을 거듭한 사람 또는 지극히 평범한 삶을 살아가는 사람의 차이는 바로, 여기에 있다고 생각한다.

(4) 낙관적인 인재로 성장시켜 준다

모든 사실은 마음과 사고의 여과 작용을 통해 비추어지기 때문에 동일한 현상이라도 사람에 따라 달라질 수 있다. 따라서 긍정적인 사람만이 문제를 해결하고 성공에 이르게 하며, 이것이 바로 낙관주의가 중요한 이유이다. 이나모리 회장은 신입사원교육 시 초낙관적으로 행동할 것을 강조한다. 또한 이나모리 회장은 사업 구상 시 발생 가능한 주요 장애요인들을 미리 예측하는 정신적 시뮬레이션을 끊임없이 반복한다고 한다. 그래야만 실행에서 흔들리지 않고 낙관적으로 행동할 수 있기 때문이다. 그리고 직원들이 낙관주의를 가지게 하려면, 무엇보다도 실패의 두려움을 제거해 주어야 한다고 한다. 미국의 저널리스트가 교세라의 성공이유에 대하여 질문하자 그는 "직원들이 실패했다고 해서 징계를 가하지 않기 때문이요"라고 대답한 일화는 유명하다. 적극적이고 긍정적인 낙관주의적 사고는 교육과 훈련을 통해 얼마든지 육성될 수 있다고 믿어 의심치 않는다.

(5) 천재의 재능보다 바보의 열정을 키워 준다

개개인의 능력이란 것은 두뇌뿐만 아니라, 건강과 운동, 신경까지도 포함하는 것이며 다분히 선천적인 자질이라 할 수 있겠다. 그러나 열정은 오로지 자신의 의지에 의해 결정된다.

능력과 열정을 0점에서 100점까지 점수화할 수 있고, 그것이 곱해지게 된다고 했을 때 자신의 능력을 자만하고, 노력을 게을리하는 사람보다, 자신에게 특출한 능력이 없다고 생각하여, 남다른 열정을 불태워 노력하는 인재가 훨씬 멋진 결과를 남길 수 있다. 즉 열정만 있어도 우선은 해내고자 하는 일을 성취할 수 있기 때문이다.

다시 말해, 일을 성취시키는 원동력은 그 사람이 가진 열정인 것이다. '해내겠다'는 의지, 열의, 정열이 강하면 강할수록 성공할 확률이 높아지는 것이다. 강한 열정이라는 것은 자고 있는 동안에도, 깨어 있는 동안에도 24시간 그것만을 생각하는 상태를 말한다. 하지만 실제로는 24시간 내내 생각하는 것은 불가능하다. 항상 그 같은 마음 자세가 중요하다는 의미이다. 그렇게 하면은 염원이 잠재의식에까지 침투하여, 스스로 깨닫지 못한 사이에 염원을 실현하기 위한 행동을 취하고, 지금보다도 훨씬 더 큰일을 해낼 수 있게 되는 것이다.

이나모리 회장은 문자 그대로 산전수전을 다 겪은 경영자이다. 중학입시에 실패하고 결핵을 앓기도 했으며, 전쟁의 와중에 혹독한 가난을 겪기도 했다. 창업 초에 개발한 세라믹 콘덴서가 무명 벤처회사 제품이라는 이유로 대기업에서 외면당한 시절도 있었다. 석유파동으로 회사가 위기를 맞기도 했었다.

하지만 그는 임금 동결은 했으나 감원은 하지 않았다. 고용과 인재 육성이야말로 기업이 존재하는 이유였기 때문이다. 먼저 교세라 그룹은 전 세계 세라믹 시장의 70%를 차지하고 있다. 매출이 11조 원이 넘으며, 세전이익만 1조 원이 넘는 초일류 기업으로 성장했다. 축구선수 박지성이 2002년 월드컵 개막 전 한때 소속팀으로 뛰었던 교토 퍼플상가가 교세라가 후원하는 팀이라는 것은 잘 알려진 사실이다.

사람이 최첨단 시스템 및 하드웨어보다 훌륭한 점은 과연 무엇일까? 그것은 바로 영혼을 가지고 있다는 점이다. 즉 영혼을 가진 실존(實存)적 존재인 것이다. 기업의 구성원들이 이익만을 창출하는 또 다른 하드웨어로 전락할 것인지, 아니면 그들 영혼 속에 담겨 있는 잠재성을 육성 발휘하여 열정적이고 행복한 소중한 삶을 현재의 일터에서 영위하는 아름다운 인재로 거듭날 것인지는 바로 우리 기업의 경영층과 인사 교육 실무담당자의 의지에 달려 있다고 해도 과언이 아니다.

2) 특선 2. 경영인을 위한 회계학
손대는 사업마다 성공으로 가는 길

(1) 캐시 중심으로 경영한다
일반적으로 페이퍼상의 결산을 토대로 경영하는 데 있어서는 급변하는 경영환경 속에서 빠른 의사결정에 한계가 있으며 돈의 흐름에 맞추어 명료한 경영을 해야 한다. 벌어들인 돈이 현재 얼마나 존재하는지를 파악하는 것이 무엇보다도 중요하며 결국에는 리얼타임을 통한 눈앞의 현실과 계속적으로 싸워 나가야 한다.

(2) 1 대 1 대응의 원칙

투명경영에 필요한 원칙으로서 돈과 물건은 반드시 1:1로 처리되어야 한다. 예를 들면 전표만 먼저 처리하고 물품은 나중에 도착한다거나 이와 반대로 물건은 도착했지만 전표는 다음 날 발행되는 일이 비일비재하다. 이럴 경우 기업 내의 무수한 편법이 동원될 수 있으며 결국 결산서에 대한 신뢰도에 의구심이 생길 수밖에 없다. 기업의 투명성을 원칙으로 부정을 예방하고 사내의 윤리성과 기업의 대내외 신뢰도를 쌓는 것이 기본적인 원칙이라 할 수 있다.

(3) 근육질 경영의 원칙

'매상은 최고로 비용은 최소로' 개념에서 출발하며 검약 실천을 위한 중고품으로 비품을 구매할 수 있어야 하며 화려한 과잉설비투자는 경영 체질을 악화시키고 제한된 자원을 소중하게 활용하는 경영은 바랄 수 없다.

또한 설비투자는 감가상각비로 고정비의 증가를 가져오며 인건비도 고정비에서 커다란 부분을 차지하므로 고정비를 일정하게 낮추거나 비용을 최소화해야지만 이익을 낼 수 있다. 그와 동시에 변동비도 하향조정이 되면서 결국 총비용을 가능한 한 낮추어 감으로써 손익분기점을 끌어내리고 이익을 늘려 가야 한다.

한편 기업의 투기는 삼가고 땀 흘려 얻은 이익이 소중한 것을 전사적인 차원의 모멘텀으로 이끌어 나가야 한다. 특히 예산 집행 시 즉석구매(봉지쌀 구매)를 통하여 수익 대비 비용을 사전에 계획하는 것이 아니라 그때 상황에 따라서 봉지쌀 구매처럼 가장 시급하고 우선시되는 부분에 투자가 선행되어야 한다.

(4) 완벽주의의 원칙

기업의 거시적인 안목(매크로 관리)과 미시적인 각 팀장, 팀원의 역할과 자원

재분배 등(마이크로 관리)이 관리되지 않으면 완벽주의를 실행할 수 없다. 한편 100% 달성을 위한 철저한 관리 또한 필요하다.

예를 들어 100% 목표를 하려고 했으나 이번 분기에 95% 달성했으니 봐 달라는 식의 완벽주의는 있을 수 없다. 결국 회사 전체에 완벽주의를 침투시키기 위해서는 숫자를 기록하는 사람과 점검하는 사람이 함께 노력해야 한다.

(5) 더블체크의 원칙

단순히 부정을 적발하거나 방지하는 것이 아니라 사람을 소중히 여기는 직장 문화를 가꾸어 나가기 위한 것이다.

복수의 사람이거나 부서가 서로 체크하고 확인하며 업무를 진행하도록 하는 것이다.

(6) 채산성 향상의 원칙

채산성을 향상시키려면 물론 매출을 늘리는 것도 중요하지만 그와 함께 제품이나 서비스의 부가가치를 높여야 한다.

부가가치를 향상시킨다는 것은 시장에서 가치가 높은 상품을 보다 적은 자원으로 만들어 내는 것이다.

이에 아메바 경영이 필요하다. 아메바 경영이라 함은 각자가 이윤 주체로 운영되며 마치 중소기업인 것처럼 활발하게 활동한다. 그 리더는 상사의 승인이 필요하지만 경영계획, 실적관리, 노무관리 등 경영 전반이 맡겨져 있다.

(7) 투명경영의 원칙

공명정대한 경리 시스템을 도입하여 정정당당하고 공정한 태도로 순리가 통하도록 일해야만 하고 최고 경영자 혼자서만 자사의 상황을 파악하는 것이 아니라 직원들도 자사의 상황 혹은 최고경영자가 무엇을 하고 있는지까지 잘 알 수 있을 만큼 투명해야 한다.

또한 기업의 주주가치 및 자산가치 등 기업의 앞으로의 전망을 바르게 알려야 하고 그럼으로써 건전한 재무 체질을 갖고 있으며 또한 소중한 돈을 안전하게 투자할 만한 장래성 있는 기업이라는 것으로 투자가에게 어필하고 자사의 가치를 정확하게 이해시키는 게 필요하다. 결국 공정한 디스클로저(disclosure)가 기업의 미래를 좌지우지하게 되는 것이다.

3) 특선 3. 참경영인의 길 - 10

조직의 성장과 발전을 위해 '누구에게도 지지 않을 노력'을 경주하는 것은 경영자의 몫이다! 기업에 활력을 불어넣고 훌륭한 조직으로 키우는 『참경영인의 길 10!』을 소개한다.

이나모리 가즈오는 이 책에서 특히 경영자들이 그 누구보다 부단히 노력해야 함을 강조한다. 전 직원의 정신적·물질적 행복을 추구함과 동시에 인류와 사회의 진보와 발전에 공헌할 것을 교세라의 경영이념으로 삼았던 그는 "직원의 마음을 움직여 조직을 활성화시킬 수 있는가가 리더로서의 경영자 진가와 기업의 발전을 결정한다"라고 힘주어 말한다. 특히 직원들에게 존경과 신뢰를 받으며 기업을 성장시키고자 하는 경영자라면 이나모리 가즈오가 제시하는 다음과 같은 '참경영인의 길 10'에 주목할 필요가 있다.

(1) 사업의 목적과 의의를 명확히 설명한 후 지시하라

사업의 목적과 의의를 직원들에게 설명하고 지지를 얻어 모두가 힘을 결집하게끔 해야 한다.

(2) 구체적인 목표를 세우고 계획 수립에 직원들을 참여시켜라

목표와 계획의 수립 단계부터 직원들을 참여시켜 '우리들이 세운 계획'이라는 의식을 갖게 한다.

(3) 강렬한 열망을 가슴에 품어라

잠재의식에까지 침투할 정도로 강한 열망을 마음에 품고 직원 모두와 공유해

야 목표를 달성할 수 있다.

(4) 목숨 걸고 노력하라

경영자가 집단의 행복을 위해서 누구에게도 지지 않을 노력을 경주하면 사람들은 반드시 그 뒤를 따른다.

(5) 강한 의지를 가져라

한번 세운 목표는 무슨 일이 있어도 달성한다는 강한 의지를 가진 리더가 신뢰받고 존경받는다.

(6) 훌륭한 인격을 갖춰라

지금 당장 훌륭한 인격을 갖추지 못했다 해도 그러한 인격을 갖추기 위해 끊임없이 노력하라.

(7) 어떤 어려움에 부딪혀도 결코 포기하지 말라

예상치 못한 어려움이나 문제에 부닥쳐도 결코 포기하지 않는 불굴의 투지를 가져라.

(8) 직원들을 애정으로 대하라

직원들의 행복을 항상 염두에 두고 그들의 성장을 바라며 애정을 가지고 지도하라.

(9) 지속적으로 동기를 부여하라

직원들의 마음을 감동시킬 수 있는 사소한 배려를 항상 잊지 않는 것이 동기부여의 지름길이다.

(10) 항상 창조적으로 사고하라

항상 새로운 것을 추구하며 창의적인 것을 도입해 날마다 조금씩 진보하고 발전하는 조직을 만들어라.

'한 사람이 국가를 흥하게도 하고 망하게도 한다'는 말이 있다. 국가든 기업이든 간에 모든 조직의 흥망성쇠는 그 리더에 의해 결정된다 할 수 있다. 이 책은 그런 의미에서 '경제위기'로 인한 혼돈의 시대에 한 기업을 이끌어 나가야 할 경영자들, 특히 차세대 경영자들에게 조직에 활력을 불어넣고 훌륭한 조직으로 발전시키기 위한 참경영인의 길을 보여 주는 경영 지혜의 정수가 담긴 책이라 할 수 있다.

제3장
동행개발 체험학습 Plan

멘토링에서 두 사람이 하나 되어 멘토링 활동 4개 과정인 인격개발, 행복개발, 동행개발, 희망개발 각 과정별로 아래 3단계 Step 체험학습이 진행된다.

1-Step: 교육체험 단계로 두 사람이 한 쌍이 되어 인격, 행복, 동행, 희망개발
　　　　교육체험에 참여한다.
2-Step: 미팅체험 단계로 두 사람이 한 쌍이 되어 12개월 운영 프로그램에 체
　　　　험하여 활동한다.
3-Step: 현장체험 단계로 두 사람이 한 쌍이 되어 월간, 계간 프로그램으로 현
　　　　장체험 답사를 한다.

동행체험 1. 교육과정 체험학습: 1:1 연결 멘토링 교육 체험학습
동행체험 2. 미팅활동 체험학습: 1:1 연결 12개월 활동 체험학습
동행체험 3. 현장답사 체험학습: 1:1 연결 월·계간 답사 체험학습

동행체험 1: 교육과정 체험학습

1. 멘토/멘제 지역주민 동행 Workshop 프로그램

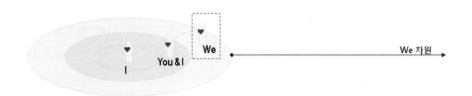

교육명칭	멘토/멘제 Workshop 과정
교육목표	목표 1. 멘토링을 통하여 멘토/멘제 간 지역주민과 인재개발 방법 학습 목표 2. 교회 구성원 멘 토와 주민과 상호간 관계 활성화 방법 학습 목표 3. 조직에 인성문화 구축과 지역주민과 공동체의식 함양 방법 학습
교육대상	멘토(교회소속) 멘제(지역소속) 대상자
교육일정	교육시간 2~20시간

2. 멘토/멘제 활동개시 Workshop 프로그램

멘토링 현장과정은 지역주민을 위하여 교회 멘토대상자 등 멘토/멘제 Workshop 과정과 활동 중 보수교육과 멘토/멘제 활동을 적극 지원할 특강과정으로 구분한다.

1) Workshop효과 우선순위

① 멘토/멘제 1일 합동교육 후 다음 날 멘토만 특성교육 진행

② 멘토/멘제 처음부터 끝까지 합동교육으로 진행

③ 멘토/멘제 멘토/멘제 별도 일정으로 교육 진행

사이버 멘토링		야외 캠프훈련		청소년 멘토링	
Contents	Hour	Contents	Hour	Contents	Hour
멘토링이해 Story	2	멘토링이해 Story	2	멘토이해 Story	2
활동총진 Skill	4	활동촉진 Skill	4	활동촉진 Skill	4
		멘토리더십 Leadership	2		
인재개발Game	2	인재개발 Game	8	인재개발 Game	8
운영전략 Strategy	2	운영전략 Strategy	2	사례연구 Case Study	2
		사례연구 Case Study	2		
합 계	10	합 계	20	합 계	16

2) 교육과정 효과

① 효과 1: 인간 존중경영으로 넓은 관계 폭으로 사랑의 공동체가 가능하다.

② 효과 2: 교회 구성원의 양과 질 관리의 시너지로 유기체조직이 가능하다.

③ 효과 3: 멘토링 12가지 활동 목표를 실행함으로 교회개발의 계기를 만든다.

④ 효과 4: 교회 내부교인과 교회 지역주민 만족의 서비스 질을 동시에 높일 수 있다.

⑤ 효과 5: 지역주민과 동행은 전도활성화로 성장·성과창출의 효과를 얻을 수 있다.

동행체험 2: 미팅활동 체험학습

· 개인: 콤비인간성 미팅체험 활동주제
· 교회: 목회생산성 미팅체험 활동주제

1. 개인: 지역주민 콤비 인간성 체험 활동주제 생애진단 – 5

1) 개인의 콤비 미팅체험방법

멘토와 멘제가 콤비(Combi)로 멘토링 12개월 활동을 개시하는 과정으로 주간, 월간 등으로 미팅주기를 정하여 습관적으로 미팅이 이루어지는 것이다.

2) 미팅 소재개발 방법

멘토/멘제가 미팅 시 소재는 멘토가 별도 프로그램 없이 자신의 내적 핵심역량을 멘제가 미팅 시마다 문답식으로 제공하는 방법과 별도로 아름다운 동행에 관한 소재를 프로그램으로 준비해서(생애진단-5 등) 활용하는 방법이 있다.

3) 생애진단-5 활동소재

아래에 소개하는 생애진단-5가지를 세부소재로 한 내용은 멘토링코리아에서 개발한 인격보완 프로그램으로 마음, 건강, 재능, 자금, 미래 진단 방법이다.

[생애진단-5 소개]

STEP		동행주제	참고도서
1	Mindship	생애 마음예비진단	
2	Health	생애 건강예비진단	
3	Talent	생애 재능예비진단	1. 멘토링 생애진단 도구
4	Money	생애 자금예비진단	2. 성경 그리고 멘토링
5	Future	생애 미래예비진단	

2. 지역주민 1-청소년을 위한 멘토프로젝트

추진 배경	* 지역 청소년 멘토링 추진배경: 교회와 지역과의 그리스도 문화 공동체는 오늘날 교회의 가장 시급한 문제로 대두되고 있다. 왜냐하면 요즈음 차가운 국민정서 속에서 교회가 지역 주민과 거리를 두고 위기를 맞고 있기 때문이다. 지역주민과 접촉점이 가장 손쉬운 분야가 청소년 봉사와 노인층 봉사이다. 다음은 청소년 분야를 교회에서 멘토링 방식으로 접근할 수 있는 참고자료다. 오늘날 교회목회의 균형은 교인행복, 교회행복, 그리고 교회의 멘토들을 통한 주민행복으로 연결된 시스템이어야 한다. * 지역 노년 멘토링 운영방법: 1. 교회멘토양성: 교회 직분자나 대학생 그룹에서 지역사회 청소년을 위한 멘토 지원을 받아 정규교육으로 양성한다. 2. 교회에서 청소년을 위한 어느 분야에 멘토와 연결할 것인가를 아래 사례를 참작하여 선정한다.

청소년 Projects	대외 협력기관
1) 저소득층 가정 멘토 프로젝트 2) 농어촌학생 방학 멘토 프로젝트 3) 다문화가정 멘토 프로젝트 4) 소년 소녀 가장 멘토 프로젝트 5) 보호감호소 출감자 멘토 프로젝트 6) 지역사회 소외아동 멘토 프로젝트 7) 청소년지도 캠프 및 여행 멘토 프로젝트 8) 독서지도 멘토 프로젝트 9) 명문대 입시 멘토 프로젝트 10) 특기 자격 취미 멘토 프로젝트	1) 정부 자치기관-자금지원 2) 지역 교육청-자금지원 3) 지역 대학-자원 대학생 멘토지원 4) 인근 지역교회와 협력 5) 학부형 및 지역인사-자금지원 및 멘토지원

추진 기본 사항-5	○ 활동목표: 청소년을 위한 멘토 프로젝트 ○ 활동기간: 12개월 ○ 활동始終: 2011. 07. 01.~2012. 06. 30. ○ 멘제기준: 지역 청소년에서 선발 ○ 멘토기준: 교회 멘토 양성자 중에서 선발-직분자 멘토 대학생 멘토 등
기대 효과	1. 멘토는 타인배려로 섬김리더십의 자세에서 청소년을 사랑하게 된다. 2. 교회는 지역 청소년을 개발함으로 장래 교회 인재양성에 기여한다. 3. 교회는 지역사회와 정보교류가 이루어져 전도활동이 활발해진다. 4. 교회 멘토로 청소년에 관한 진로 지도함으로 국가사회에 기여한다. 5. 교회와 지역사회와 멘토링 Human Belt로 교회 이미지가 상승된다.

3. 지역주민 2-노년층을 위한 멘토프로젝트

추진배경	* 지역노년 멘토링 추진배경: 앨빈 토플러의 제3의 물결에서 밝혔듯이 "정보화시대에서 소외계층으로 노인을 꼽고 정보화 교육의 대책이 시급하다"고 말했다. 특히 우리나라는 세계에서 이례적으로 인구의 고령화가 급속히 진행되고 있으며, 2026년에는 전체 인구의 20%가 노년층인 초고령화 사회에 진입하게 된다. 급격한 노인 인구의 증가는 복지와 교육 그리고 사회적인 측면에서 노인들의 요구를 수렴해야 한다. 다음은 오늘날 교회와 지역사회 간 그리스도 문화 공동체 구축의 치원에서 노인층을 대상으로 교회 멘토 프로젝트로 아름다운 동행 방법을 소개한다. * 지역 노년 멘토링 운영방법 1. 교회멘토양성: 교회 직분자나 대학생 그룹에서 지역사회 위한 노년층 멘토 지원서를 받아 정규교육으로 양성한다. 2. 교회에서 어느 분야에 멘토와 연결할 것인가를 아래 사례를 참작하여 선정한다.

노년층 Projects	대외 협력기관
-우리 문화 체험 1) 시 낭송하기/시 작성해 보기 2) 서예 감상/서예 배우기 3) 판소리 듣기/배우기 -건강 돌보기 1) 독거노인돌보기, 2) 건강체험하기/역사체험 -학습돌보기 1) 경로노인대학, 2) 정보화교육, 3) 역사체험 -커뮤터 1) 인터넷검색, 2) 포토샵	1) 정부 자치기관-자금지원 2) 지역 교육청-자금지원 3) 지역 대학-자원 대학생 멘토지원 4) 인근 지역교회롸 협력 5) 학부형 및 지역인사-자금지원 및 멘토지원

추진기본 사항 - 5	○ 활동목표: 노년층 위한 멘토 프로젝트 ○ 활동기간: 12개월 ○ 활동始終: 2011. 07. 01.~2012. 06. 30. ○ 멘제기준: 지역 노년층에서 선발 ○ 멘토기준: 교회 멘토 양성자 중에서 선발-직분자 멘토 대학생 멘토 등
기대효과	1. 멘토는 이기주의에서 이타주의로 섬김 리더십의 자세로 전환된다. 2. 교회는 지역사회와 한마음 공동체로 유대가 강화된다. 3. 교회는 지역사회와 정보교류가 이루어져 전도활동이 활발해진다. 4. 교회 멘토를 모델로 전교인의 지역사회 봉사열기가 확산된다. 5. 교회와 지역사회와 멘토링 Human Belt로 교회 이미지가 상승된다.

동행체험 3: 현장답사 체험학습

1. 동행활동 현장답사 프로그램 개요

1) 멘토/멘제 개인활동 동행체험학습

멘토링 활동에서 가장 핵심이 멘토/멘제 한 쌍, 즉 멘토링 셀(Mentoring Cell)이 첫째는 자연스럽게 둘째는 자생력으로 활발하게 동행 활동해 주는 것이다.

외형적으로 아무리 투자가 많고 형식적인 프로그램이 잘 갖춰졌다 하더라도 이 셀이 움직이지 않으면 성과는 기대할 수 없는 것이다.

멘토링 추진 팀은 멘토가 멘제를 위해 이기주의에서 이타주의로 자생력을 최대한 발휘해서 지원하도록 하고 가능한 한 관리(Control)의식은 떨쳐 버려야 한다. 자연 번식하는 세포의 원리를 그대로 적용해야 한다.

멘토/멘제가 개인 미팅 시 할 수 있는 프로그램을 아래 내용으로 소개한다. 각 조직마다 나름대로 특징 있게 준비하여 멘토/멘제가 자유롭게 선택하는 데 도움을 주기 바란다.

구분	활동유형	주관	참여인원	일정/장소	성과기대
개인 활동 프로 그램	정기미팅 활동	멘토	멘토/멘제	미팅/장소	월간보고서
	스포츠활동	멘토	멘토/멘제	수시:	체력단련
	친목활동	멘토	멘토/멘제	수시:	친목교제
	학습활동	멘토	멘토/멘제	수시:	자율학습
	가정방문	멘토	멘토/멘제	수시:	가정친목
	봉사활동	멘토	멘토/멘제	수시:	사회봉사 불우이웃돕기
	문화활동	멘토	멘토/멘제	수시:	교양활동

2. 멘토/멘제 전체 그룹활동 체험학습

멘토링 활동은 자발적 참여가 성공의 지름길이 되기 때문에 가능한 한 조직 전체가 지원 분위기조성에 각별히 관심을 가져야 한다.

가장 효과적인 지원은 CEO의 관심사다. 최근에 CEO가 직접 사원을 챙기는 예가 자주 매스컴에서 볼 수 있는데 아마 인간존중경영의 시대적인 흐름으로 생각한다.

멘토링 계획을 수립할 때 처음부터 CEO를 멘토링 영역에 두어야 한다. 그래서 멘토/멘제 결연식 때부터 친해질 수 있도록 참석해서 주례를 하고 사진을 찍고 선물도 직접 챙겨 주어야 한다. 부득이 불참할 경우에는 소상히 사정을 알리고 임원이 반드시 대행해야 한다.

멘토/멘제가 출발 Workshop할 때 대부분 색다른 경험을 하게 되어 감격을 맛보는 사람이 대부분이다. 그러나 교육의 효과는 3개월 가지 못한다고 한다. 그러므로 분기별로는 CEO 참여하에 격려 모임을 갖고 보수교육 등 전체 분위기를 높이는 게 효과적이다.

다음 프로그램은 멘토/멘제 전체 그룹이 분기별로 한 가지씩 선택하여 멘토링 열정을 북돋우는 프로그램으로 활용하도록 소개한다.

구분	활동유형	주관	참여인원	일정/장소	성과기대
그룹 활동 프로 그램	분기그룹 미팅	조직 지원	멘토/멘제 CEO, 팀장	1차: 2차:	그룹 건의해결 및 친목
	야외활동	조직 지원	멘토/멘제 추진팀장	수시	그룹친목
	학습활동	조직 지원	멘토/멘제 추진팀장	수시:	특수분야 강사 초청수강
	독서활동	조직 지원	멘토/멘제 추진팀장	수시:	도서단체구입
	봉사활동	조직 지원	멘토/멘제 추진팀장	수시:	사회봉사 불우이웃돕기

3. 동행체험활동 인간성지수(HDI: Humanity Development Index)

멘토링 동행 리더로서 인간성(Humanity) 점수는?

멘토가 된 후에는 자기중심인 이기주의에서 타인 중심인 이타주의로 혁신적인 삶의 변화가 강력히 요구된다. 멘토는 멘제의 전인적인 삶의 조언자다.

① 의미 - 멘토가 멘제를 위하여 얼마나 영향력을 발휘했는가를 평가하는 데 의미가 있다.

② 목적 - 멘토의 목표의식, 책임의식, 자부심을 고취하여 성공률을 높이는 데 목적이 있다.

③ 내용 - 멘토의 전인적인 분야로 전문적인 면, 정서적인 면, 의지적인 면을 내용으로 한다.

④ 방법 - 모니터의 주관으로 멘제가 자기 멘토를 무기명으로 '평가 진단도구'에 의해 평가한다.

⑤ 적용 - 평가 결과치에 의거하여 40점 미만인 경우에는 보수교육, 20점 미만은 모니터 면담 등으로 보완한다.

구분		멘토의 인간성 평가 진단도구	5	4	3	2	1
전문 분야	지식기술	1. 성경지식과 체험신앙 이전이 잘 되고 있다.					
	사역지원	2. 사역지원이 잘 되어 사역이 숙달되고 있다.					
	노하우	3. 노하우를 제대로 얻을 수 있는 계기다.					
	정보공유	4. 가치 있는 정보공유가 잘 되고 있다.					
	경력개발	5. 경력개발에 큰 도움이 되고 있다.					
정서 분야	정서향상	6. 친목미팅 등 정서 활동에 도움이 되고 있다.					
	타인배려	7. 어려운 일 처리에 많은 도움을 받고 있다.					
	건강향상	8. 정신 및 신체 건강 증진에 도움된다.					
	관계촉진	9. 상호 간 멘토링 활동 미팅을 자주 한다.					
	심리차원	10. 상담과 대화를 통해 감사의 마음이 생긴다.					
의지 분야	의지결단	11. 리더로 성장하고 싶은 의욕이 강하다.					
	윤리의식	12. 선과 악의 구분을 분명하게 한다.					
	절제관리	13. 혈기 등 본능적인 면에서 절제가 잘 된다.					
	목표의식	14. 생애목표 및 업무 목표설정에 도움이 된다.					
	리더역할	15. 멘토를 모델로 차후 나도 멘토가 되고 싶다..					
합계점수							

평가기준	탁월멘토 71~75	우수멘토 61~70	보통멘토 41~60	보완멘토 21~40	미달멘토 01~20
득점평균					
차후대안	포상대상	OK	OK	보수교육	모니터면담

제4장
목회자 동행개발 특강

1. 목회자 동행개발 특강커리큘럼(Curriculum)

(1) 특강과정: 목회자 희망개발 핵심특강 현장출강 과정

(2) 특강참석: 목회자 직분자(교사, 성가대, 구역장, 전도회 임원 등)

(3) 특강시간: 02~04~08H(시간 선택 가능)

(4) 특강교재: 멘토링 시장판매 단행본으로 특강별로 1권씩 합계 교재 4권

(5) 특강내용

① 주제 1. 성경모델: 성경에서 특강주제에 맞게 4쌍을 멘토링 모범사례로 소개했다.

② 주제 2. 특강본론: 멘토링 목회 핵심내용으로 특강별로 5개씩 총 20개를 소개했다.

③ 주제 3. 체험학습: 목회현장 적용 Plan으로 전교인 한마음 동행 위한 체험학습이다.

Hour	NO	특강 3 동행	목회진단	참고도서
2H	주제 1	동행모델: 다윗	동행멘토 적합성은 몇 점인가? [진단주제] 1. 멘토의 자질 2. 멘토의 역할 3. 멘토의 동행	1. 멘토링 생애진단도구 2. 멘토링 인간존중경영
	1장	다윗 동행배경		
	2장	다윗 동행사례		
	3장	교훈과 대안		
4H	주제 2	생애 Test-5		
	1장	마음 Test		
	2장	건강 Test		
	3장	재능 Test		
	4장	자금 Test		
	5장	미래 Test		
2H	주제 3	동행목회 Plan		
	1장	동행 교육체험		
	2장	동행 미팅체험		
	3장	동행 현장체험		

2. 지역주민 배려 적합성지수(Compatibility Development Index=CDI)

지역주민을 배려하는 목회자로 리더십을 갖추고 있는가? 그에 대한 적합성 지수를 파악하기 위한 설문을 소개한다.

- 설문만점: 1개당(매우 좋다) 2.0－1.5－1.0－0.5－0.0(매우 좋지 않다)
- 참고점수: 설문내용을 이해할 수 없을 때는 1점으로 계산한다.
- 현재득점: 설문10개 합계점수
- 목표점수: 20점 만점－현재득점
- 목표관리: 목표점수 업그레이드는 미팅활동에서 다루고 계속 3개월 만에 재점검 한다.
- 상호협조: 목회자가 아닌 멘토와 멘제의 경우는 미팅할 때 상호간 공개리에 목표 점수를 관리하면서 돕는다.

1) 지역 주민배려 목회자 자질 테스트

번호	1. 자질(Self Quality)개발 진단도구	점수
1	나는 지역을 위해 계속 배려하는 열망이 있다.	
2	나는 지역 주민들에게 영향력을 가지고 있다.	
3	나는 교회와 지역에 관한 전체적인 틀을 본다.	
4	나는 지역사회의 신앙문제에 책임을 질 줄 안다.	
5	나는 지역 주민과 소외된 사람을 잘 이해한다.	
6	나는 지역사회에서 긍정적인 변화를 유도한다.	
7	나는 지역문화권에서 교양 생활이 모범적이다.	
8	나는 지역 위해 다음에 무슨 일을 해야 할지를 잘 파악한다.	
9	나는 지역 청소년을 인재 개발하는 능력이 있다.	
10	나는 지역주민들에게 사람들에게 지도자로 인정받고 있다.	
	소 계	

2) 지역주민배려 목회자 역할 테스트

역할	번호	2. 역할(Role)개발 진단도구	점수
교육	1	나는 주민과 접촉하고 가르치기를 아주 좋아한다.	
	2	나에게는 주민에게 가르칠 수 있는 핵심 역량이 있다.	
상담	3	나는 주민과 상담 시 내 의견보다는 먼저 경청을 잘한다.	
	4	나는 평상시 주민들의 건의에 관심을 갖고 해결에 노력한다.	
코치	5	나는 주민과 평소 교회 밖에서 어울리기를 좋아 한다.	
	6	나는 휴일이나 업무시간 외에 야외나 외식 등 친교 활동을 한다.	
후원	7	나는 지역 주민에게 경로/효도/봉사/장학 등에 관한 시상제도를 시행하고 있다.	
	8	나는 주민을 우리 교회나 기타 문화단체에 초청한 적이 있다.	
조정	9	나는 주민으로부터 건의 요청을 받을 때 최단 시간에 해결한다.	
	10	나는 지역사회의 노년층, 청소년, 기타 복지지원에 구체적으로 연결 되어 있다.	
소 계			

3) 지역사회 위한 목회자 자생력 테스트

구분	번호	3. 멘토 자생력(Selfscored) 진단도구	점수
소명 의식	1	주민과 신앙체험을 나누고 궁금해하는 점을 설명해 준 적이 있다.	
	2	주민에게 직접 나서서 교회소개와 전도한 적이 있다.	
	3	지역사회와 함께 그리스도 공동체 구축을 사명이라고 생각한다.	
사명 의식	4	자신의 가족을 주민에게 소개하고 식사를 함께한 적이 있다.	
	5	지역의 저명인사나 기관장의 애·경사에 관심을 갖고 참석한다.	
	6	지역주민들이 힘겨운 일이 생겼을 때, 나는 그가 찾아올 수 있는 평안한 사람이라고 생각한다.	
	7	지역사회가 관심을 보이는 자선단체나 봉사활동에 대해 조언을 해줄 수 있을 정도의 지식을 갖고 있다.	
창의 의식	8	지역사회가 최근에 했던 고민을 알고 해결을 위해 노력하고 있다.	
	9	주민들에게 교양서적 기증이나 문화행사에 초청한 적이 있다.	
	10	가끔 교회 밖으로 나가서 주민들과 함께 유익한 문화생활을 한다.	
소 계			

5부
멘토개발방법 Best − 5

멘토는 우리가 쓰고 있는 은유적 용어인 스승(Mentor)이라는 말의 기원이다. 모든 묘사적인 언어처럼 멘토는 사람들에 따라 각기 다른 의미를 가진다. 멘토는 주인, 인도자, 본보기, 지도자, 선생, 아버지 같은 사람, 트레이너, 가정교사, 조언자, 상담자, 코치일 수 있다. 그리고 그 외에도 더 많은 가능성이 있으므로 멘토 역할의 정확한 정의는 인간경영을 주도하는 리더(Leader), 즉 포괄적인 존재라고 말해야 할 것 같다. 이와 같이 리더 격인 멘토에 관하여 아래 내용과 같이 체계적인 양성방법을 제시하고 아울러 멘토링 활동의 성공 여부를 촉진하고자 하는 것이다.

제1장
멘토개발 의미

1. 멘토란?

멘토(Mentor)란? 한 사람을 왕자처럼 소중히 여기고 자신의 역량(Competency)을 최대한 발휘하여 차세대 리더(Post Leader)로 세우는 일을 하는 사람이다.

세계적인 추세에서 지난 5년에서 10년 사이에 멘토의 역할이 계속 바뀌었다, 약 10년 전까지만 해도, 멘토는 보편적으로 나이 든 사람이라고 생각되었고, 어떤 형태로든 연배가 낮은 사람을 도울 수 있는 연배 높은 사람이 멘토로서 적당하다고 여겨졌다. 멘토의 역할에 대한 개념은 그 후로도 수시로 바뀌었다.

멘토로 역할을 하겠다고 결정하는 것은 매우 자비로운 행동으로 간주된 적도 있다. 이런 경우 체계적으로 설명을 잘 해주거나 기대하는 것은 고사하고, 누구도 멘토가 하는 행동방식에 대해서 의문을 제기할 수가 없었다. 멘토가 있으면 그야 말로 운이 좋은 사람이라고 생각되어, 멘토의 기이한 습관이나 비현실적인 기대 감도 견뎌야 했으며 그저 감사할 따름이었다.

오늘날 멘토링은 보다 쉽게 수용할 수 있는, 기업의 일반적인 업무로 다뤄지는 관행의 일부다. 특히 제도적인 멘토링 프로그램(Systematic Mentoring Program)에서 는 보다 많은 사람들이 융화할 수 있는 관행이 됨에 따라, 멘토링의 모호한 부분 이 줄어들어, 보다 접근이 용이하게 되었다.

이제, 멘토는 훨씬 설명하기가 수월한 제도가 되었다. 멘토로서 관리자에게 기 대하는 바가 무엇인지, 어떤 것은 효과가 있고 어떤 것은 없는지에 대해서 보다

보편적인 동의를 얻고 있다. 또한 멘토링에 의한 관계가 최적의 결과를 얻기 위해 어떤 식으로 구성되어야 하는지에 대해서도 보다 많은 사람들이 한목소리를 내고 있다. 현재, 멘토로서의 관리자 역할은 권력과는 거리가 멀다. 연공서열이나 교육보다는, 서로 의견을 공유하고 발전하는 것에 초점을 두고 있다.

간단히 말해서, 멘토링은 도움을 받는 멘제 직원의 전반적인 성장을 지원하고 향상시키기 위한 것이지, 직원의 정규업무를 돕는 것은 아니다.

멘토링 관계에서의 가르침은 멘토, 즉 상당한 지식이나 경험을 가진 사람이…… 자신이 가진 것(지혜, 정보, 지식, 신념, 통찰력, 관계, 지위 등의 근원들)을 멘제에게 적절한 때에 적절한 방법으로 전달하여 멘제의 발전이나 성장을 돕는 것이다.

－폴 스텐리와 로버트 클린턴－

현대적인 용어로 하면 멘토는 당신이 당신의 삶의 중요한 목표들을 달성할 수 있도록 개인적으로 당신을 도와주는 영향력과 경험을 갖춘 사람들이다. 이들은(그들이 아는 사람이나 아는 것을 통해) 당신의 복지를 증진시킬 힘을 가지고 있다.

－린다 필립 존스－

멘토링 관계를 정의하는 것은 다소 어렵지만 이것을 묘사하는 것은 아주 쉽다. 이것은 평생 동안 당신을 보살펴 주며 당신이 잘하는 것을 보고 싶어 하는 아저씨를 가지는 것과 같다. 그는 당신의 경쟁자가 아니다. 그는 당신과 경쟁하거나 당신을 좌절시키려고 있는 것이 아니라 당신을 지원하려고 있다. 그는 당신의 비평자이기보다는 당신의 응원자이다.

－밥 비엘－

멘토링 관계는 한 인간이 초기 성년기에 가질 수 있는 가장 복잡하면서도 개인적인 발전에 중요한 관계 중 하나이다. 멘토는 일상적으로 제자보다 나이가 여러

살 더 많고 세상에서 경험이 더 많으며 더 높은 지위에 있다. 여기에서 우리가 마음속에 두고 있는 관계의 성격을 표현할 수 있는 적절한 말은 없다. '상담자'나 '도사'(導師, guru)와 같은 말들은 더 미묘한 의미들을 암시하지만 정작 스승이란 말이 가지는 함축적인 의미들은 놓쳐 버린다. 멘토라는 말은 일반적으로 훨씬 더 좁은 의미로 사용되어 교사, 조언자, 후원자 등을 뜻한다. 우리가 이 단어를 사용할 때, 이 단어는 이 모든 것들과 그 이상의 것들을 의미한다.

멘토링 관계는 형식적인 역할에서가 아니라 이 관계의 성격과 이 관계가 제공하는 기능(역할)이라는 견지에서 정의된다……

멘토링 관계가 무엇을 얼마만큼 제공하는지를 알아보기 위해서는 관계를 긴밀하게 살펴보아야 한다.

―다니엘 레빈슨의 『남자가 겪는 일곱 가지 계절』―

그리스도인들에게 있어 멘토링은 실제 세계에서 말로 표현할 수 없는 목적들을 가진다. '제자훈련'이 긴밀한 동의어이지만 다음과 같은 차이점들이 있다. 제자 훈련자(discipler)는 제자가 (1) 하나님 아버지의 뜻을 위해 자신의 뜻을 포기하도록 (2) 날마다 그리스도의 영광을 위해 영적이며 희생적인 삶을 살도록 그리고 (3) 지속적으로 그의 주인이신 하나님의 명령에 순종할 수 있도록 도와주는 사람이다. 반면에 본을 보이며 특별한 계획들을 세밀하게 감독한다. 또한 멘토는 멘제를 훈련시키며, 멘제에게 용기를 주고, 멘제의 잘못을 바로잡고, 멘제로 하여금 문제를 맞대응하게 하며, 멘제에게 책임감을 불어넣는 것처럼 여러 부분들에서 개인적인 도움을 준다.

―테드 엥스트롬―

2. 멘토개발의 필요성

한 사람을 소중히 여기는 멘토링(Mentoring)은 전통적 멘토링으로 인간관계 촉진을 통하여 개인 업무 능률을 향상시키고, 제도적 멘토링으로 인재 경쟁력을 확보하여 조직의 높은 생산성과(High Performance)를 달성하고자 하는 것이 멘토 인재개발의 목적이다.

멘토개발의 의미는 먼저 개인 자신은 물론 조직이 바라는 바람직한 멘토로 개발 육성하려는 것이다.

이제부터 멘토개발이라는 것이 개인과 조직의 입장에서 각각 어떤 의미를 지니며 바람직한 멘토상은 무엇인지에 대하여 알아보도록 하겠다. 아울러 멘토에게 동기부여를 통하여 자생력을 뒷받침할 수 있는 요소도 함께 다루기로 하겠다.

멘토개발은 인재개발에 초점을 두고 있다. 사전적인 의미에서 개발(development)이란 일반적으로 사물이나 사람의 진보적인 변화를 통한 발전과 성장을 촉진하는 활동을 의미하는데, 특히 사람의 창의성과 자발성을 자극하고 자주적인 태도와 습관을 배양함을 말한다.

멘토개발은 개인의 입장(인간성: Humanity)과 조직의 입장(생산성: Productivity) 모두에서 그 의미를 살펴볼 수 있다. 개인의 입장에서 개발이란 단기적으로는 개인 자신이 담당한 직무에 대한 태도, 즉 일에 대한 만족감이나 긍정적인 태도를 갖는 것을 말하며, 장기적으로는 개인 스스로의 자기 정체감을 높이는 것, 즉 인간성 중심을 의미한다. 그리고 조직의 입장에서 개발이란 단기적으로는 조직의 성과에 기여할 수 있도록 개인의 능력과 자질을 향상시키고 성과를 제고하려는 것이며, 장기적으로는 조직 환경변화에 대한 적응력을 높이는 것, 즉 생산성이다.

이런 점에서 볼 때 멘토개발은 개인과 조직 사이의 적합성(person – organization fit)을 높여 개인의 인간성 목표와 조직의 생산성 목표가 합치될 수 있도록 하는 활동이라고 할 수 있다.

따라서 개인수준에서 초점을 두고 있는 멘토개발이란 조직에서의 개인, 즉 인적 자원을 대상으로 개인이 자신은 물론 조직에서 바라는 바람직한 리더(Leader)로 성장할 수 있도록 개인과 조직 모두가 노력하는 활동이라고 정의할 수 있다. 이처럼 멘토개발이 인재개발에 초점을 두는 이유는 조직이 활동할 수 있는 자원은 여러 가지가 있겠으나 그중 인적 자원을 조직의 근본적이고 가장 중요한 자원으로 전제하고 멘토개발에서 멘토를 어떻게 개발하고 활용하는가 하는 문제를 멘토개발의 성공 여부를 좌우하는 관건으로 여기기 때문이다.

따라서 멘토개발이란 조직 구성원에게 조직이 요구하는 가치개발을 할 수 있도록 조직이 지원함은 물론 개인 스스로가 노력함을 포함한다. 멘토개발은 사람을 돈이나 물자처럼 취급하여 일방적으로 조직이 바라는 대로 변환시키고자 하는 것이 아니라 개인의 욕구, 개인의 인생설계, 개인의 가치관, 개인의 존엄을 존중하면서 동시에 조직이 추구하는 목표를 일치시키고자 하는 데에 초점을 두고 있는 것이다.

이러한 멘토개발의 의미는 이른바 인적 자원 포트폴리오를 통해 더욱 분명하게 이해할 수 있다. 인적 자원 포트폴리오 관리도(human portfolio management grid=BCG 컨설팅 제공자료)에서 볼 수 있는 바와 같이 조직에서 능력이나 업적이 모두 낙후되어 있는 결격사원(deadwood), 능력은 있으되 낮은 성과를 보이는 문제사원(problem employee), 능력은 낮을지라도 성과가 높은 잠재사원(work horses)들이 있게 마련이다.

특히 잠재사원과 문제사원은 기업에서 대다수 인력을 차지한다. 멘토개발이 이러한 구성원들을 능력 면에서나 업적(성과) 면에서 뛰어난 스타(star)와 같은 우수사원 멘토로 양성하려는 것이다.

멘토개발은 조직 구성원들 중 유능직원은 더욱 유능한 직원이 될 수 있도록 능력 개발과 업적향상의 기회를 부여하고 지원하려는 것이며, 특히 조직 구성원의 대다수를 차지하고 있는 문제사원이나 잠재사원이 유능한 리더로 성장하도록 조직의 지원과 개인의 노력을 촉구하는 데에 그 특징이 있다.

결격사원에 대해서는 해고시킨다는 식의 단순한 발상을 하는 것이 아니라 이들을 개발과 육성의 대상으로 인식하고 멘토의 지도를 통하여 유능한 멘토가 될 수 있도록 성장의 기회를 제공하고 스스로 노력을 기울이도록 지원하는 것이다.

멘토개발은 현재의 유능한 인재만을 아끼고 존중한다는 의미에서가 아니라 능력과 업적이 부족한 사람들도 더욱 발전적인 방향으로 이끌고 지원한다는 점에서 그 의미가 있는 것이다.

이처럼 멘토개발이 인재개발을 촉진하고자 하는 것은 인간잠재력(human capabilities)

과 그 중요성에 대한 믿음을 기초로 하기 때문이다. 결국 멘토개발은 사람의 잠재능력을 키우면서 그 능력을 발휘할 수 있는 기회를 공정하게 제공함으로써 조직의 성장과 발전을 추구하는 개발 지향적 조직목표를 달성하고자 하는 것이다.

향후 조직이 지속적으로 성장, 발전하기 위해서 조직은 구성원 개개인으로 하여금 업무수행 기량의 향상을 통해 직무를 성공적으로 수행하여 경영성과의 향상을 가져오도록 지원하고, 개인은 자신의 미래를 대처하고 책임질 수 있는 리더로 키울 수 있는 경영활동을 스스로 수행하여야 한다. 여기에서 멘토개발은 다음과 같은 필요성을 가지고 있다.

첫째, 멘토개발은 조직 구성원들 간에 그리고 개인과 조직 간에 상호신뢰의 풍토를 정착시킬 수 있다.

사람을 개발하고 육성한다는 것은 조직 구성원들이 상호 유기적인 업무협조 체제를 가질 수 있도록 만든다는 의미다. 또한 개발을 통해 조직은 개인들이 자신의 업무를 성공적으로 수행할 수 있으리라는 믿음을 기초로 업무를 맡길 수 있게 되고, 이를 통해 개인과 조직은 상호 신뢰를 할 수 있게 되는 것이다.

둘째, 멘토개발은 개인과 조직 목표를 합치시킬 수 있다.

개인은 자기 개발을 통해 조직에서 바라는 인재가 됨으로써 자기성장욕구를 충족시키고, 조직과 사회에 공헌할 수 있기를 바라며, 조직 역시 훌륭한 인재의 확보와 육성을 통해 조직의 성장발전을 이루고자 한다. 인재개발을 통해 개인의 성장과 발전을 촉진함으로써 조직의 성과를 높일 수 있는 것이다.

셋째, 멘토개발은 조직과 자기 업무에 대한 호의적인 태도를 갖고 바람직한 행동을 하는 멘토를 개발하는 것이다.

즉 멘토개발은 개인이 일에 대한 건전한 가치관 및 행동방식을 갖도록 하고 이것을 조직 구성원들 간에 공유되도록 한다. 그 결과 조직 구성원들은 자기 조직에 대한 강한 소속감과 자부심 및 높은 업무의욕을 가지고 상호 협동하여 일을 열심히 할 것이다. 또한 신입원(New Comer)이 조직문화적 가치관 및 행동방식에 적응하여 조직의 일원으로 정착되도록 함으로써 개인과 조직 간에 상호 적합성을 제고시킨다.

넷째, 멘토개발은 구성원의 개인역량을 배양함으로써 타 조직이 모방할 수 없는 기업의 내부적 핵심역량을 개발하는 활동이다.

기업경쟁력의 원천은 물질적·경제적 차원과 정신적·사회적 차원으로 나눌 수 있는데, 사회적 차원의 여러 가지 원천 중에서 가장 중요한 것이 사람이라고 할 수 있다. 사회적 차원의 경쟁우위의 요소는 사회적 자원(social resources)이라고 하는데, 여기에는 조직문화라든가 인적 자원관리 관행 등 사람과 불가분의 관계에 있는 것들이 포함된다. 이러한 사회적 자원은 가치성, 희귀성, 모방 불가능성, 대체 가능성의 부재라는 점에서 한 조직 고유의 역량이며 인재경쟁력인 것이다.

이처럼 멘토개발은 조직의 인재경쟁력 제고의 출발점이 된다. 최근 조직 간 경쟁이 격화되고 주로 소프트한 측면들이 경쟁우위의 요소가 되고 있는 상황에서 '인재의 차이'가 그대로 '조직의 차이', '성과의 차이'로 나타나고 있기 때문에 조직이 성공하기 위해서는 그 어느 때보다도 우수한 멘토개발의 필요성이 절실히 요청되고 있는 것이다.

3. 멘토개발 5가지 기준

멘토를 구체적인 핵심인물로 개발하는 데 5가지 기준을 설정하고 그에 따라 핵심인물로 개발하는 방법을 다루도록 하겠다. 멘토들이 시간을 어디에 써야 할지를 궁금해할 수도 있다. 그러므로 교회의 핵심그룹 속에 다음 다섯 가지 형태의 멘토들을 확보할 수 있도록 노력하여야 한다. 이 다섯 가지 형태의 멘토는 교회에 놀라운 가치를 부여해 줄 것이다.

1) 잠재력의 가치 – 자신의 능력을 개발하는 멘토
모든 리더들이 가져야 하는 첫 번째 능력은 자기 자신을 지도하고 동기부여를 주는 능력이다. 당신의 눈을 이런 잠재력을 가진 멘토를 보기 위해 넓게 열라.

2) 긍정의 가치 – 조직의 사기를 진작하는 멘토

조직에서 피스메이커(Peace Maker)로서 다른 사람을 세워 주고 조직의 사기를 높여 주는 사람, 즉 멘토(Mentor)는 무한한 가치가 있는 사람이다. 그들은 핵심그룹에 속할 수 있는 훌륭한 자산을 가진 사람들이다.

3) 인격의 가치 – 멘제를 멘토로 개발하는 멘토

어느 사람이 나에게 이렇게 말했다. "맨 위에 있는 사람은 외롭다. 그러므로 당신이 왜 거기에 있어야 하는지를 잘 아는 것이 좋다." 멘토는 무거운 짐을 지고 가는 사람이라는 것은 사실이다. 사실 앞에서 일할 때, 멘토는 사람들의 손쉬운 표적이 될 수 있다. 그러나 홀로 그 짐을 지려고 해서는 안 된다. 그래서 우리는 이렇게 말할 수 있다. "맨 앞에 있는 사람은 외롭습니다. 그러므로 다른 사람과 그 일을 함께 하시오."

멘제를 세워 주는 사람보다 더 좋은 사람이 어디에 있겠는가? 그 사람이 예스맨으로서가 아니라 동역자요 든든한 후원자일 때 말이다. 멘제를 향상시켜 줄 수 있는 핵심인물인 멘토로 그룹을 형성할 수 있도록 노력하자.

4) 생산의 가치 – 다른 사람을 세워 주는 멘토

다른 사람을 리더로 세워 주는 능력을 가진 멘토는 당신의 핵심그룹에서 대단히 중요한 인물들이다. 이러한 멘토에게 핵심역량은 바로 멘토십으로 무장하는 것임을 알아야 한다.

5) 인정의 가치 – 다른 사람들을 세워 주는 리더를 기르는 멘토

어느 것보다도 소중히 여겨야 할 가치는 다른 리더들을 자신과 같은 멘토로 길러 주는 리더, 즉 멘토의 가치이다. 이 가치는 다양한 리더십을 발생시킨다.

제2장
멘토개발 실무

1. 멘토 자생력개발 방법

1) 멘토의 자질개발

멘토링을 연구했던 대부분의 학자들은 멘토에 대한 정의를 내리는 데 어려움과 혼동을 겪고 있다. 이 말은 멘토라는 말은 어떤 한 단어 혹은 한 문장으로 쉽게 정의 내릴 수가 없다는 것이다.

멘토라는 단어 안에는 여러 종류의 의미가 내포되어 있는데, 예를 들면 교사, 인생의 안내자, 본을 보이는 사람, 후원자, 의욕을 고취시키는 사람, 비밀까지도 털어놓을 수 있는 사람, 스승 등이 있다.

어떤 사람이 멘토로 불리기 위해서는 이들 중 적어도 서너 가지의 자격을 갖춘 사람이어야 한다. 한 문장으로 정의를 내리자면 멘토는 "상대보다 경험이나 연륜이 많은 사람으로서 상대방의 잠재력을 볼 줄 알며, 그가 자신의 분야에서 꿈과 비전을 이루도록 도움을 주며 때로는 도전도 줄 수 있는 사람" 결론은 '전인적인 삶의 조언자'라고 할 수 있다.

그러면 누가 멘토가 될 수 있는가? 멘토의 자질은 무엇인가에 대해 알아보기로 하자. 멘토는 누구나 될 수 있지만 아무나 될 수는 없겠다. 거기에는 몇 가지 자질이 요구된다.

(1) 멘제의 인격을 존중하는 사람(Personal Respect)

멘토는 멘제를 하나의 진정한 인격으로 대하는 사람이다. 상대방을 자신의 목적을 위해 이용하려는 사람, 즉 정치적인 의도가 다분한 사람은 멘토의 자격이 없다. 20세기의 위대한 사상가 마틴 부버는 이것을 지적하여, 상대방을 수단으로 보는 것은 '나와 그것(I-It)'의 관계라고 말한다. 그러나 멘토는 상대방을 자신과 동등하게 존중받아야 할 인격체로 이해하며, 가면을 벗고, 상대방을 조정하려는 자세를 버린다. 이러한 때 진정한 관계가 성립되고, 부버가 강조하는 '나와 너(I-Thou)'의 관계로 발전된다.

(2) 멘제에게 긍정적인 사람(Peace Maker)

멘토는 평소의 삶이 긍정적 자세인 사람이며, 마음이 열린 사람이다. 멘토는 마치 부모나 가족과 같아서 자신의 멘제에게 일관된 관심을 줄 수 있어야 하는데, 삶을 보는 시각이 부정적이거나 마음이 닫힌 사람은 멘토로서는 자격이 결여된다.

(3) 멘제의 특성과 잠재력을 볼 줄 아는 사람(Potential Power)

멘토는 멘제가 지닌 적성을 볼 수 있는 사람이다. 멘토는 보통 멘제보다 세상 경험이 많은 사람이다. 그 분야에서 이미 시행착오를 겪은 사람이다. 그리고 상대방의 장점을 극대화시키며, 상대방의 단점을 극소화시킬 수 있는 안목이 있다.

(4) 멘제와 의사소통이 능한 사람(Communication)

멘토는 의사소통에 능한 사람이다. 같은 말을 해도 상대방에게 부정적인 표현 등을 통해 부담을 주는 것이 아니라, 힘과 용기를 줄 사람이다. 그리고 중요한 것은 상대방의 견해를 소화하는 열린 귀가 있는 사람이다.

(5) 조직에 대한 올바른 가치관(The View of Value)을 가져야 한다

먼저 멘토는 자신이 회사의 배려로 오늘과 같은 가치 있는 구성원으로 업그레이드되었음을 인정하고 이러한 조직에 대한 올바른 가치관을 가지고 멘제에게 자

신이 소유한 정보, 지식, 업무 등, 즉 가치를 제공할 경우, 멘제는 멘토에게 좀 더 호의적으로 다가올 수 있다. 회사가 멘토인 나를 키워 주었으므로 나는 대신 멘제를 키운다.

(6) 핵심역량(Competency)과 업무의 다양한 전문성을 갖춰야 한다

멘토는 개인의 노력이나 회사의 지원을 통하여 소유한 역량(Competency)과 다양한 전문지식을 멘토링 활동에서 멘제와의 자율학습향상, 업무조기숙달, 경력개발, 지식경영 등에 최선을 다하여 발휘함으로써 멘토링 목표를 성공적으로 달성하는 데 기여할 수 있다.

2. 멘토의 역할개발

멘토의 역할은 멘토의 정의부터 따져 보는 것이 순서일 것이다. 아직까지는 멘토링과 마찬가지로 멘토에 대한 정확한 정의나 한마디로 표현할 만한 단어를 역시 발견하지 못한 것 같다. 멘토링만큼이나 많은 의미를 내포하고 있으며, 멘토링의 핵심이 바로 멘토임을 시사하는 대목이기도 하다. 멘토에 대한 유래에 대해서는 이미 언급되었으니 생략하기로 한다. 다만 신화 속에서 등장하는 멘토(Mentor)가 멘토의 기원이 되기는 하였으나, 멘토의 역할에 대해서 17세기 페넬롱(Fenelon)이 쓴 『텔레마쿠스의 모험』에서는 텔레마쿠스의 상담자로 기록하고 있다(Name into Work, 1950). Oxford English Dictionary(1933)에는 "멘토는 기억하는 것, 생각하는 것, 상담하는 것의 의미를 지닌 멘(men)의 어원에서 왔다"고 기록하고 있다. "이와 같이 멘토는 주인, 인도자, 본보기, 아버지 같은 사람, 선생님, 트레이너, 가정교사, 조언자, 지도자, 인도자, 상담자, 코치, 랍비 등 그때그때의 역할에 따라 사용되어 왔으며, 이는 멘토와 다른 유사 단어와 혼동하여 사용하고 있는지 자체도 알지 못한 상태에서 말이다"라고 Michael G. Zey 박사는 말하고 있다.

하워드 핸드릭스 교수는 멘토가 수행하는 형태에 의해서가 아니라, 다른 사람과 가지는 관계의 성격과 관계가 가지는 기능에 의해서 멘토를 정의하여야 한다

면서, "멘토는 당신의 성장을 돕고, 당신을 계속적으로 성장시키며, 당신이 삶의 목표를 실현하도록 돕는 일에 헌신된 사람이다"라고 정의하고 있다.

오늘날 조직사회에서 멘토는 멘제를 위하여 전인적인 삶의 조언자다. 여기서 전인적이라는 의미는 단순이 업무적인, 즉 전문적인 조언뿐만 아니라 정서적인, 윤리적인 면을 포함해서 바로 인격적인 것을 말한다. 그리고 삶이라는 의미는 단순이 일회성 이벤트적인 것이 아니라 일정 기간 동안 가정, 직장 사회생활까지의 삶을 말한다. 조언자라는 의미는 멘토는 조언이나 권면을 하는 것이고 최종 결정은 멘제가 한다는 것을 의미한다.

멘토의 올바른 역할	멘토는 전인적인 삶의 조언자이다. 전인적인 3가지는 인격을 의미하며 아래와 같다.
전문적인 면 - 지(知)	지식, 기술, 학습, 업무, 정보, 자격증, 학위 등을 전이한다.
정서적인 면 - 정(情)	포용력, 이웃돕기, 정신/신체 건강관리, 인간관계 등을 전이한다.
의지적인 면 - 의(意)	의지력, 결단력, 윤리적 리더십, 목표설정, 기획력, 절제력 등을 전이한다.

이러한 멘토가 되기 위하여 갖추어야 할 5가지 역할 멘토십 스킬을 소개하면 교육(Teaching)에 대한 스킬, 상담(Counseling)에 대한 스킬, 지도(Coaching)에 대한 스킬, 후원(Sponsoring)에 대한 스킬, 그리고 조정(Confronting)에 대한 스킬이다.

1) Teaching(교육) - 가르치는 교사의 역할(IQ부문)이다.

교육을 실시하는 것은 멘제에게 테크닉을 주입시키는 것이 아니다. 교육의 근본은 '너는 우리 가족이다', '너는 해낼 수 있다'는 의식을 깨우치는 것이다. 이 기본만 확실히 되어 있다면, 이후의 기술 습득과정은 60%~90% 단축된 것이나 다름없다. 왜냐하면 이 자각이 학습의욕을 불러일으키기 때문이다.

그러나 유의해야 할 점은 '교육'과 '지시 내리는 것'을 혼동하여서는 안 된다. 교육이 일방적인 지시가 되어서는 안 된다는 것이다. 적절한 도구와 행동의 자유를 주어 스스로 해보도록 하고 결과에 관하여 구체적이고 솔직한 피드백을 해줌으로써 잠재능력을 향상시키는 것이다. 그러한 잠재능력을 누구나 갖고 있다는 굳은 신념에 입각하여 행동하는 것, 이것이 교육의 진수이다.

2) Counseling(상담) - 들어 주는 상담자의 역할(EQ부문)이다.

교육을 담당하는 자라면 누구라도 한 번은 '수강생 제일'이라는 모토를 내세운다. 이 신조가 조직에서 실제 행동으로 이어지느냐 아니면 말로만 그치느냐가, 상담자인가 아닌가를 가르는 판단 기준이 된다. 카운슬러 역이 서툴다는 것은 - 즉 문제해결에 나서는 것이 너무 이르거나 너무 늦는 것 혹은 수강생에게 너무 엄격하거나 지나치게 관대한 것, 학습적으로 단 시간에 끝맺거나 까닭 없이 질질 끄는 - 이 모토가 체면용에 지나지 않음을 입증하는 것이다.

이제 멘토로서 상담스킬을 다룬다. 멘토로서 카운슬러의 역할은 멘제가 실력을 마음껏 발휘하는 것을 가로막는 문제를 이해시키고 그 문제의 해결에 도움을 주는 것이다. 시간을 가지고 인내심을 지녀야 한다. 물론 더러는 30분만 들이면 해결할 수 있는 것도 있다.

정보부족이나 단순한 오해에서 비롯된 문제는 쉽게 풀린다. 그러나 훌륭한 기술을 가지고 있음에도 불구하고 팀플레이를 주저하는 멘제를 설득하여 다른 사람과 협력하도록 만들기 위해서는 며칠이나 몇 개월이 걸릴지도 모른다. 카운슬링이란 이러한 여러 가지 문제 상황을 해결해야 하는 '감초'인 것이다.

3) Coaching(코치) - 같이 뛰어 주고 친목교제를 나누는 코치의 역할이다.

코칭(Coaching)과 후원(Sponsoring)은 미묘하지만 차이가 있다. 후원은 두드러진 능력을 가진 멘제를 무리 속에 사장되지 않도록 끌어내 주고 밀어 주는 것인 데 반해, 코칭은 일반적으로 멘제를 온전한 조직원으로 만들고 적극적으로 조직에 참여하도록 정서적인 친목을 유도하는 것이다.

구체적으로 말하면, 멘제와 친목 교제를 하는 것, 즉 업무 가운데서 신뢰를 유지하는 것, 활력을 부여하는 것, 반면 멘제와 업무를 떠나서 인성적인 차원에서 등산, 외식, 영화, 경기관람, 가정방문, 서점방문 등으로 친목을 통하여 마음이 하나가 되는 것이다.

4) Sponsoring(후원) - 추천하고 신분을 보증해 주는 후원자 역할이다.

후원이란? 강력한 훈련을 실시하여 용기를 북돋아 준 다음 멘제가 자신의 힘으로 학습을 수행할 수 있도록 여러 조건을 마련해 주는 것이다.

멘토 후원자는 멘토가 실력을 마음껏 발휘할 수 있도록 장애물을 제거하여 홀로 설 수 있도록 한다. 멘제가 조직에 적응과 업무와 학업에 필요한 기술을 이미 익힌 상태에서 이것을 발휘하도록 하는 것이 후원이다. 후원의 요점은 그때까지 잡아 주고 있던 손을 갑자기 놓지 않는 것이다. 갑자기 손을 놓아 버리면 비틀거리며 쓰러지고 만다.

반대로 너무 오래 붙들고 있어서도 안 된다. 한참 잡고 있다 놓을 때는 또 사정없이 놓아 버리고 말면 멘제는 이때 그동안 가졌던 멘토에 대한 신뢰를 잃어버리게 된다.

후원이란 원 투 원(One to One)으로 멘제의 자립성을 개발하는 것이다. 멘토는 멘제의 가이드인 것이다. 멘토는 멘제를 자신의 생각대로 움직이게 하고 싶은 충동에 휩싸이기 마련이다. 그렇지만 이 충동을 뿌리치는 것이 후원자로서 지녀야 할 중요한 마음가짐 중의 하나이다.

후원자의 역할은 기본원리로 공평(Fairness), 자유(Freedom), 참여(Commitment), 지원(Waterline) 등 네 가지를 들 수 있다.

멘제와 그 후원자 멘토는 이 기본원리를 제대로 수행할 수 있어야 비로소 승자로 살아남을 수 있다. 멘토로서 후원자는 자발적으로 후원대상자인 멘제의 활동, 행복, 진보, 성취, 개인적 문제, 장래 희망 등등에 적극적인 관심과 긍정적이면서 남에게 칭찬을 아끼지 말아야 한다.

5) Confronting(조정) - 맞대면하여 업무 보직적응력에 대한 불만을 해소한다.

멘제의 적응력과 업무 능력률을 올리기 위하여 멘토는 모든 수단으로 지원하지만, 효과가 나타나지 않을 경우 멘제의 업무, 보직 상급자까지도 조정을 해줄 필요가 있다. 그 경우에는 다른 방책을 진지하게 고려할 필요도 있다. 중요한 것은 방관하지 말고 문제를 정면에서 보고 조정해야 한다. 달리 어떤 해결 방법이 있는지 명확히 하고 선택의 폭을 넓히는 것이다.

3. 멘토의 활동수칙 개발

멘토는 인간을 기술자로 만드는 것이 아니고 기술자를 인간으로 만드는 역할이다. 스승, 코치, 상담자라고 해서 모두 멘토가 될 수 있는 것은 아니다. 그러나 훌륭한 멘토는 이러한 능력을 고루 갖춘 사람이다.

특히 조직에서 상급자가 생산성 효과를 챙기는 역할에 대비해서 멘토는 가정에서 어머니와 같이 인간성을 챙겨 주는 역할이다. 멘토는

* 한 사람의 삶에 진정한 변화를 가져다준다.
* 조직 경영에서 인재 경쟁력을 가져다준다.

(1) 한 번에 한 사람의 파트너와만 만나라.
 - 대량의 생산은 사람의 개발에 적용되지 않는다.
(2) 개인적인 내용은 비밀을 유지하라.
 - 이것에 실패한 멘토는 사람과 신용을 모두 잃는다.
(3) 겸손한 마음으로 나는 돕는 역할을 할 뿐임을 알라.
 - 자기를 주입하려 하지 말고 도우라. 그래야 상처가 없다.
(4) 멘토 자신이 계속 훈련을 받으며 자라 가라.
 - 멘제는 우리의 자라는 모습을 통해 더 격려를 받는다.
(5) 말보다는 삶으로 본을 보여라.
 - 멘제는 말보다 멘토의 삶을 통해 변화한다.
(6) 상대방에 대한 진지한 사랑과 관심을 가져라.
 - 멘토링의 기술보다는 사람이 더 중요하다.
(7) 먼저 들어 주고 자세히 관찰하라.
 - 잘 들을 때 멘제의 필요를 빨리 발견할 수 있다.

(8) 시간과 약속을 잘 지켜라.

―약속을 지킬 때 서로의 신뢰가 쌓인다.

(9) 언어 사용에 주의하고 예의를 지켜라.

―언어 사용은 멘토의 인격을 나타내 줄 때가 많다.

(10) 물질과 시간을 투자하고 멘토링 활동에 최우선순위를 두라.

―투자하는 만큼 열매를 맺는다.

(11) 멘토의 모든 활동은 모니터의 지도와 관찰을 받으라.

―멘토 자신의 멘토가 모니터임을 기억하라.

(12) 함께 목표를 설정하라.

―목표가 없으면 두 사람의 만남이 방향을 잃기 쉽다.

(13) 어떤 내용을 가지고 교제할지에 대해 정하라.

―미리 알 때 기대감이 생기고 준비가 된다.

(14) 정규적인 만남을 가져라.

―정규적인 만남이 두 사람의 목표를 이룸에 크게 작용한다.

(15) 기간을 정하고 시작하라.

―일정한 기간이 정해질 때 지루함이 방지되며 계획 설정에 도움이 된다.

(16) 문제해결에 있어 성인이나 위인들의 말을 인용하라.

―성인들의 말을 인용할 때 멘제의 이해의 폭을 넓힌다.

(17) 외적인 요소로만 사람을 판단하지 말라.

―외형이나 신분에 집착하는 것은 멘토링 활동의 실패원인이다.

(18) 적극적인 자세를 가져라.

―소극적인 멘토는 멘제의 열심을 끌어내지 못한다.

(19) 2, 3개월에 한 번씩 두 사람의 관계를 평가하라.

―정기적인 평가는 방향 설정을 재정립해 준다.

(20) 멘토링 활동은 가능하면 동성끼리 하라.

―서로에게 이성을 느끼는 사이라면 피하는 것이 좋다.

4. 교회 멘토는 누가 되는가?

1) 대상
① 교역자, 직분자
② 평신도 중에서 모범 및 우수한 자
③ 청소년 중에서 모범 및 우수한 자

2) 자격
① 세례(침례)받은 자로서 교회생활에 밝고 신앙이 돈독한 자
② 사회생활에 모범을 보이고 교회에서 존경받는 자
③ 성경지식에 밝고 1:1 제자훈련에 경력이 있는 자
④ 나이가 많고 사회생활 경험과 신앙간증이 풍부한 자
⑤ 교회나 사회에서 특별한 Knowhow를 가진 자

3) 금기사항
① 동성관계가 원칙이며 이성관계는 금한다.
② 금전관계와 출세지향의 권력 이용은 금한다.
③ 가능한 한 부모는 제외한다.

4) 교회 멘토의 역할
① 멘제에게 교회를 대표한다.
② 멘제를 위하여 증인 역할을 한다.
③ 멘제와 교회생활에서 동반자 역할을 한다.
④ 멘제에게 모범을 보여 준다.
⑤ 멘제를 위해 중보기도 한다.
⑥ 멘제의 의견에 귀를 기울인다.
⑦ 멘제와 이야기 나눌 때도 존중하여야 한다.

⑧ 멘제가 교회 성도들과 좋은 교제를 위하여 다리 역할을 한다.

⑨ 멘제가 결정할 일이 있을 때 자유롭게 의사표현을 유도한다.

⑩ 멘제가 교회행사나 성경공부 등에 참석을 권면한다.

5. 멘토가 됨으로써 얻는 유익

이제 멘토가 됨으로써 얻는 유익이 어떤 건지 살펴보기로 하자. 이러한 유익 중 대부분은 무형의 것이다. 그렇다고 해서 이것들의 가치가 떨어지는 것은 전혀 아니다. 스승이 됨으로써 다음과 같은 여섯 가지 유익을 얻을 수 있다. ① 다른 사람과의 긴밀한 관계, ② 자신이 새로워짐, ③ 자기 성취감, ④ 강화된 자부심, ⑤ 당신의 삶을 통해 타인에게 영향을 끼침, ⑥ 길이 남길 자신의 유산을 남기기.

1) 다른 사람과의 긴밀하고 인격적인 관계

"성경에서 찾을 수 있는 또래 간의 스승-제자 관계의 모형으로 가장 뛰어난 것은 다윗과 요나단의 우정이다. 인간적으로 볼 때 이들의 관계가 지속될 가능성은 희박했다. 요나단은 아버지 사울의 뒤를 이어 이스라엘의 왕이 되어야 했다. 그러나 하나님께서는 다윗을 사랑하셔서 사울을 버리셨다. 따라서 요나단과 다윗은 라이벌이 되는 것이 당연하다. 하지만 이들은 떼어 놓을 수 없는 친구가 되었다. 이들의 관계가 어찌나 가까웠는지 성경은 요나단의 마음이 다윗의 마음과 '연락되었다'고 말하고 있다(삼상 18:1)."

"우정의 유익을 주는 것에는 비단 또래 간의 관계만 있는 것은 아니다. 연하자와의 멘토링 관계에도 나름대로의 애정과 친밀감이 있다. 특히 이 관계가 통제가 아니라 발전을 위한 것일 때는 더욱 그러하다."

2) 자신이 새로워짐

"똑같이 고린도전서 구절에서 바울은 그리스도인의 삶을 경주에 비유했다. 그것도 100미터 경주가 아니라 마라톤에 비유했다. 내 개인적인 경험으로 볼 때 이

것은 평생 동안 계속되는 경주이다.

불행히도 우리는 달릴수록 힘이 빠지기에 끝까지 달리기가 더 힘들어진다. 우리 중 어떤 사람들은 골인 지점을 눈앞에 두고 경주를 포기해 버린다. 이것은 특히 '은퇴'가 가까운 사람들에게 강하게 다가오는 유혹이다. 은퇴는 사람들에게 황금시계와 함께 그것을 볼 수 있는 많은 자유시간을 준다. 은퇴는 사람들을 풀밭으로 밀어내어 그들이 모아 둔 장난감이나 가지고 놀게 한다. 결과적으로 55시가 지난 많은 사람들이 공원벤치와 집을 할 일 없이 오가고 있다. 이들은 예수 그리스도를 위해 자리를 박차고 일어나야 할 바로 그때에 주저앉아 있다. 이것은 내가 멘토링 관계를 굳게 믿는 한 가지 이유이기도 하다. 멘토링 관계는 연하자들은 성숙하도록, 연장자들은 젊어지도록 돕는다. 왜? 그것은 우리가 서로의 성장을 돕는 과정에서 가장 많이 성장하기 때문이다."

3) 자기성취감

"사람들을 발전(성장)시키는 일은 짐이 아니라 축복이다. 이것은 내가 알고 있는 가장 성취적인 활동 중 하나이다. 그리고 멘토링 관계는 전적으로 사람들을 발전시키는 일과 다윗은 이러한 사실을 깨달아서 다음과 같이 말했을 것이다. '하나님이여 나를 어려서부터 교훈하셨으므로 내가 지금까지 주의 기사를 전하였나이다. 하나님이여 내가 늙어 백수(白首)가 될 때에도 나를 버리지 마소서. 내가 주의 힘을 후대에 전하고 주의 능을 장래에 모든 사람에게 전하기까지 나를 버리지 마소서(시 71:17~18).' 이것은 모든 스승들이 드릴 수 있는 기도이다."

4) 강화된 자부심

"어떤 노인은 문 앞에 저승사자가 와 있다고 생각하며 살아간다. 그러던 어느 날 젊은이들 앞에서 강연할 기회가 그에게 주어진다. 갑자기 그는 힘이 되살아난다. 그는 자신이 가지고 있는 모든 자원을 다시 모아 그 누구도 기대하지 못했던 훌륭한 강연을 한다. 그는 강연을 듣는 젊은이들의 밝은 표정에서 힘을 얻는다.

당신이 몇 살이든 간에 이 원리는 당신에게도 적용될 수 있다. 당신이 하는 일과 말에 누군가 관심을 기울인다는 사실을 아는 것만큼 당신의 자부심을 높여 주는 것은 없다. 멘토링 관계에서 당신의 젊은 제자는 당신의 모든 말에 귀를 기울이며 당신의 모든 행동을 주목할 것이다. 때때로 이것은 당신을 두렵게 만들기도 하지만 신나게 만들기도 한다."

5) 당신의 삶을 변화시켰다는 확신!

"다윗의 기도를 기억하는가! '하나님이여 내가 늙어 백수(白首)가 될 때라도 나를 버리지 마시며 내가 주의 힘을 후대에 전하고 주의 능을 장래에 모든 사람에게 전하기까지 나를 버리지 마소서(시 71:17~18).' 다윗에게 중요한 것은 그의 왕관, 그의 나라, 그의 부, 그의 아내들 또는 통치자이자 전사이며, 건축가이자 음악가이며, 시인으로서의 그의 대단한 재능이 아니었다. 그에게 중요한 단 한 가지는 '하나님께서 나를 어떻게 생각하시느냐?'였다. 이것이 그의 목적을 결정했다.

분명히 다윗은 완벽한 사람이 아니었다. 그러나 삶의 목표를 가진 사람이었다. 그는 자신이 왜 세상에 태어났는지 알고 있었다. 성경이 다윗을 가리켜 하나님의 마음에 맞는 사람이었다고 말하고 있는 것은 조금도 이상할 것이 없다(삼상 13:14, 행 13:22)."

6) 길이 남을 자기 유산 남기기

"사람은 늙어 가면서 누구에게 무엇을 남길까를 생각하기 시작한다. 이들은 유서를 작성하고 상속자를 지명한다. 누가 그의 돈을 상속받을까? 그들의 집은 어떻게 될까? 누가 그의 개인적인 소유물―책, 수집품, 도구, 트로피―을 물려받을까? 그가 사업가였다면 누가 그 사업을 이어받을까? 사람들은 변호사를 고용하고 그의 유산을 정리하는 데 수많은 시간을 보낸다.

그렇게 하는 데는 충분한 이유가 있다. 최근 코넬대학에서 이루어진 연구에 따르면, 앞으로 15년 동안 우리 세대가 남긴 것을 베이비 붐 세대가 물려받을 때 미국은 역사상 가장 큰 규모의 부가 이동하는 것을 경험하게 될 것이다. 그 규모는 수천 조가 넘을 것이다.

얼마나 엄청난 유산인가! 그러나 나는 이렇게 묻고 싶다. 이 전례 없는 유산과 비슷한 '인간자본'이 상속되지 않는다면 이 유산이 무슨 소용이 있겠는가? 당신도 알다시피, 당신은 누가 우리의 부를 상속받을 것인가를 결정할 수 있다. 그러나 우리는 또한 '누가 우리의 지혜를 상속받을 것인가?'라고도 물어야 한다."

"인간이 남길 수 있는 것 중 지혜보다 더 큰 유산은 없다. 부와 지혜에 대해 어느 정도 알았던 솔로몬은 전도서에서 지혜는 길이 남을 것으로, 그 어느 것도 이를 능가할 수 없다고 말했다.

지혜는 지속된다. 솔로몬이 젊은이들에게 '지혜가 제일이니 지혜를 얻으라. 무릇 너의 얻은 것을 가져 명철을 얻을지니라'(잠 4:7)고 말한 것도 바로 이 때문이다. 친구여, 당신의 지혜를 물려받을 수만 있다면 자신이 가진 모든 것을 기꺼이 주려는 사람들, 즉 참으로 자신의 물질적 유산을 모두 포기하려는 사람들이 있다. 그들에게서 지혜를 빼 버리면 그들은 아무런 뜻 없이 죽어 가는 것과 같다. 그러므로 나는 당신에게 이렇게 촉구한다. 다른 사람의 삶을 세우라. 그렇게 함으로써 당신은 영구적이며 영원하기까지 한 유산을 물려줄 것이다."

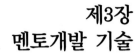

멘토링 프로그램은 왕자 교육이라는 고품질의 인재개발에서부터 출발한다. 한 왕자를 위하여 멘토는 20여 년간 인격을 상징한 수학(知), 철학(情), 논리학(意)을 교재로 사용하여 전인적인 삶이라는 주제로 지혜롭고 현명한 왕으로 성장시켰다. 오늘날 멘토링 인재개발 목적은 차세대 인격적인 리더를 세우는 것이며, 가시적인 목표는 멘토가 멘제를 자기와 같이 멘토로의 재생산(Reproducting)을 의미한다. 교회에서 평신도를 멘토로 개발하는 4단계(Step) 10가지 기술(Skill)을 아래 내용으로 소개한다.

O Step 1. 역할단계(Modeling)

사람들은 눈으로 보는 것의 영향을 먼저 받는다. 아이를 기르는 엄마라면 이 점을 느꼈을 것이다. 엄마가 아이에게 아무리 말을 해도 정작 아이가 받아들이는 것은 엄마의 말이 아니라 행동이다. 누군가에게 믿고 존경할 만한 자질이 있다고 생각되면 대부분의 사람들은 자신의 삶에 영향을 미칠 사람으로 그를 찾는다. 그리고 그를 알면 알수록 그에 대해 더 많은 신뢰감을 가지고 그의 영향을 더 많이 받는다. 단, 눈에 보이는 그의 행동이 맘에 들면 말이다.

모르는 사람을 만나면 처음에는 전혀 영향력을 발휘할 수 없다. 그러나 그가 믿는 누군가가 다리를 놓아 주면 잠시 그 사람의 영향력 일부를 '빌릴' 수 있다. 그러면 그는 여러분을 제대로 알기 전까지 여러분을 믿을 만한 사람으로 가정한다. 하지만 시간이 흐를수록 여러분이 어떠한 행동을 보이는지에 따라 그 영향력을 높일 수도 잃을 수도 있다.

흥미롭게도 유명인사의 경우는 그렇지 않을 수도 있다. 많은 사람이 텔레비전이나 영화 등의 대중 매체에서만 보았을 뿐 직접 보지 못한 유명인사에게서 큰 영향을 받는다. 그러한 경우 주로 그 유명인사의 실제 삶이 아니라 대중매체를 통한 이미지에 영향을 받는데 그 이미지는 배우나 정치인, 스포츠스타, 연예인의 실제 삶과 다를 수 있다. 그럼에도 많은 사람이 유명인사를 존경한다. 그리고 대중매체 속에서 비춰지는 그들의 행동과 태도를 그대로 믿고 그 영향을 받는다.

여러분은 역할 모델이 될 수 있지만 더 높은 수준의 영향력으로 나아가기 위해서는 각 사람과 협력해야 한다.

● Skill 1. 멘제를 위한 진실하기(Integriting for Menger)

진실성은 사업 성공뿐 아니라 영향력이 있는 사람이 되기 위해서도 중요하다. 진실성은 존경, 위엄, 신뢰를 비롯한 여러 덕목의 기초가 된다. 진실성이라는 기초가 약하거나 근본부터 잘못되었다면 영향력이 있는 사람이 되는 일은 한낱 꿈에 지나지 않는다. 사람의 한 면을 믿을 수 없다면 어떤 면도 진정으로 믿을 수 없다. 이것이 현실이다. 심지어 진실성을 갖지 못한 자신의 모습을 얼마 동안 감출 수 있는 사람도 언젠가는 실패를 맛본다. 다시 말해 일시적으로 얻은 영향력은 결국 사라지게 마련이다.

진실성은 집의 기초와도 같다. 기초가 튼튼한 집은 비바람이 몰아쳐도 무너지지 않는다. 반면 기초에 금이 간 상태에서 폭풍우가 몰아치면 그 금이 더욱 깊어져 기초, 그리고 나중에는 집 전체가 무너지고 만다. 이것이 멘토가 진실성을 잃지 않으려는 작은 잘못부터 고쳐야 하는 이유이다. 진실성은 멘토를 받쳐 주는 가장 필요한 덕목이다.

○ Step 2. 동기부여(Motivating)

　좋은 방향으로든 나쁜 방향으로든 역할 모델이 되기만 해도 강력한 영향력을 발휘할 수 있다. 또 멀리 떨어진 사람에게도 영향을 미칠 수 있다. 하지만 멘제의 삶에 진정한 영향을 미치고 싶다면 가까이 다가가야 한다. 바로 두 번째 단계인 동기부여로 나아가는 것이다. 감정에 호소할 때 동기를 부여할 수 있다. 이 과정은 다음 두 가지 결과를 낳는다. 1) 서로 간에 다리가 놓인다. 2) 서로 간에 신뢰가 쌓이고 자신감이 생긴다. 멘제와 함께 있는 동안 자신과 멘제에 대해 좋은 감정을 가질 때 멘제의 영향력도 매우 커진다.

● Skill 2. 멘제를 위한 양육하기(Nurturing for Menger)

　'양육'이라 하면 머리에 가장 먼저 무엇이 떠오르는가? 아마도 대개는 아기를 달래는 엄마를 떠올릴 것이다. 엄마는 아기를 돌보고 보호하며 젖을 준다. 또 격려하고 필요를 채워 준다. 시간이 남거나 편리할 때만 관심을 기울이는 것이 아니다. 아기를 진심으로 사랑하고 잘 자라기를 바란다. 마찬가지로 멘제를 돕고 영향력을 발휘하려면 사랑과 관심을 가져야 한다. 멘제에게 좋은 영향을 미치고 싶은 멘토는 그를 미워하거나 얕보아서는 안 된다. 오히려 사랑하고 존경한다는 표현을 해야 한다.

　양육이란 부모와 자식 사이에만 존재하는 것이라고 생각할 수도 있다. 직원이나 동료, 친구는 각자 집에서 충분히 양육을 받았을 것이라 생각할 수 있다. 그러나 의외로 격려와 양육에 목말라하는 사람이 많다. 물론 혼자서도 잘하는 사람이 있기는 하다. 그러나 그런 사람조차도 양육해야 한다. 왜냐하면 자신감을 심어 줌으로써 좋은 영향을 미치고 더 뛰어난 사람으로 만들 수 있기 때문이다. 뛰어난 양육자 멘토가 되면 멘제에게 막대한 영향을 미칠 수 있다.

　멘토 여러분은 멘제의 성장과 독립이 되어야 한다. 멘제를 양육하되 여러분에게 의지하도록 만들면 도움보다 오히려 해가 된다. 자신의 이익을 추구하거나 자신의 과거 상처를 치유하려는 목적이 개입되는 것도 멘토의 삶에 적극적인 영향을 미칠 수 없다. 멘제를 통해 대리만족을 얻으려는 시도도 마찬가지다.

● Skill 3. 멘제를 위한 믿어 주기(Believing for Menger)

멘제에 대한 신뢰는 멘제 협력할 때 영향력 있는 멘토에게 꼭 필요한 자질이다. 그러나 오늘날에는 그러한 자질을 가진 사람이 매우 드물다. 신뢰에 관한 다음 4가지 사실에 관하여 생각해 보자.

1) 대부분의 사람들은 자신을 신뢰하지 않는다.

오늘날 많은 사람들이 자신을 믿지 못한다. 그리고 실패할까 두려워한다. 심지어 터널 끝에 빛이 보여도 그것을 자신에게 달려오는 기차로 생각하고 절망하고 만다. 항상 부정적인 측면만 보는 것이다. 하지만 사실은 어려움 때문에 실패하는 것이 아니다. 오히려 자신을 신뢰하지 못해 실패하는 경우가 많다. 조금만 자신감을 가져도 놀라운 일을 해낼 수 있지만 그렇지 않으면 정말 곤란한 상황에 빠지고 만다.

2) 대부분의 사람들은 신뢰받지 못한다.

오늘날 우리 사회에서는 많은 사람들이 소외감을 느끼고 있다. 미국의 수감자의 90%가 어렸을 적 부모로부터 "너는 감옥에 가게 될 거야"라는 말을 들었다. 이처럼 아이에게 자신감을 가지라고 가르치는 대신 희망을 빼앗아 버리는 부모가 있다. 심지어 가장 가까운 사람에게서조차 신뢰를 받지 못하는 사람도 많다. 자신의 편이 아무도 없는 것이다. 그러나 하찮은 말 한마디가 천 냥 빚을 갚는다는 격언을 기억해야 한다.

3) 대부분의 사람들은 상대방이 자신을 믿는지 안 믿는지 금세 알아챈다.

사람들은 상대방이 자신을 믿는지 안 믿는지 금세 알아챈다. 그리고 그 믿음이 진실인지 거짓인지도 알아챈다. 진실한 신뢰야말로 남의 삶을 변화시킬 수 있다. 영향력 있는 사람이 되려면 남이 자신을 높이 평가하게 만들라. 그러려면 먼저 남을 신뢰하라. 그러면 그는 신뢰를 받은 만큼 자신감을 행동으로 보일 것이다.

4) 대부분의 사람들은 자신에 대한 신뢰에 보답하기 위해 무슨 일이라도 한다.

사람들은 자신에 대한 기대 수준에 맞게 행동한다. 곧 의심과 불신에 대해서는 평범한 행동으로 반응한다. 그러나 신뢰와 높은 기대에 대해서는 최선을 다해 보답한다. 그리고 그 과정에서 서로가 유익을 얻는다.

지금까지 멘제를 믿어 주지 않았다면 당장 사고방식을 바꾸고 멘제를 믿기 시작하라. 그러면 자신의 삶이 훨씬 풍요로워질 것이다. 멘제를 믿어 주면 놀라운 선물을 주는 것이나 다름없다. 돈을 주면 금세 써 버린다. 물건을 주면 제대로 사용하지 못할 수 있다. 그렇다고 도움을 줘 봤자 그때뿐이기 일쑤다. 하지만 자신감을 심어 주면 열정과 독립심이 생긴다. 그러고 나서 돈과 물건, 도움을 주어야 그것을 잘 활용해 멘제의 더 나은 미래를 만들 수 있다.

● Skill 4. 멘제를 위한 들어 주기(Listening for Menger)

뛰어난 리더들이 영향력을 발휘하고 성공하기 위해 꼭 필요한 요소로 꼽는 기술이 있다. 과연 무엇인지 알겠는가? 바로 듣는 기술, 경청이다. 그런데 듣는 기술의 중요성을 알고 있는 사람은 그리 많지 않다. 그러나 경청하는 태도는 영향력 있는 멘토가 되기 위해 꼭 필요한 요소다. 다음의 내용에 귀 기울여 보자.

남의 말에 진심으로 귀 기울이지 않고 자기 차례가 돌아올 때까지 기다리지 못하는 사람이 많다. 이와 달리 영향력이 있는 사람은 남의 말에 귀를 기울여야 하는 이유를 잘 알고 있다.

1) 존중심을 보일 수 있다.

사람들이 대화할 때 자주 범하는 실수는 남의 관심을 끌기 위해 필요 이상으로 노력한다는 것이다. 똑똑하고 재치가 넘치며 유머가 넘치는 사람으로 보이고 싶어 하는 것이다. 그러나 생산적인 대화를 나누려면 남의 말에 관심을 기울일 수 있어야 한다. 관심을 끌려 하지 말고 관심을 기울여라. 크게 생각하는 사람은 듣기를 독점하고 작게 생각하는 사람은 말하기를 독점한다. 그러므로 멘제의 말을 잘 경청하는 멘토는 그와 더 깊고 강한 관계를 맺을 수 있는 것이다.

2) 관계가 형성된다.

멘제의 말을 잘 경청하는 멘토는 그와 더 깊고 강한 관계를 맺을 수 있다. 그런 사람과는 대화할 맛이 나기 때문이다.

3) 지식을 넓힌다.

사실 지위가 높아질수록 올바른 정보를 얻기 위해 남에게 더욱 의존해야 한다. 일찍부터 뛰어난 경청기술을 개발하고 계속해서 사용해야 한다. 그래야 성공에 필요한 정보를 얻을 수 있다.

4) 아이디어가 나온다.

남의 말에 귀를 기울이면 아이디어가 없어 고민하는 일은 절대 없다. 또 멘제들은 자기 말에 경청하는 멘토에게 모든 헌신을 아끼지 않는다. 이처럼 사람들에게 자신의 생각을 말할 기회를 주고 열린 마음으로 경청하면 새로운 아이디어가 끊임없이 나온다.

5) 충성심을 얻을 수 있다.

남의 말을 잘 들어 주면 사람이 모여든다. 또 사람들의 말을 존중하고 경청하는 사람은 그들의 강한 충성심을 얻을 수 있다.

6) 자신과 남에게 큰 도움이 된다.

언뜻 보면 남의 말을 경청하면 남에게만 유익하다는 말처럼 들린다. 그러나 전혀 그렇지 않다. 남의 말을 경청하면 분명 멘토 자신에게도 유익하다. 그러므로 좋은 관계를 맺고 필요한 정보를 찾아라. 그리고 자신과 남에 대해 더 많이 알려고 애써라.

● Skill 5. 멘제를 이해하기(Understanding for Menger)

사람을 이해하고 협력할 수 없을 때 어떤 성공도 거둘 수 없다. 더 나아가 영향력 있는 멘토가 될 수도 없다.

멘제를 이해하면 그만큼 좋은 대화를 나눌 수 있다. 멘제를 설득할 때 가장 큰 실수는 자신의 생각과 감정을 무리하게 표현하려고만 애쓰는 것이다. 멘제가 정말 원하는 것은 그의 인격을 존중하고 현재 상황을 이해하며 자신의 말을 귀담아 들어 주는 것이다. 멘토가 멘제를 이해해 주는 순간 그도 멘토의 관점을 이해하려고 노력하게 된다. 멘제의 생각과 감정, 동기, 주어진 상황에서 행동과 반응을 이해할 수 있을 때 비로소 그에게 좋은 영향을 미칠 수 있는 법이다.

O Step 3. 1:1 멘토링단계(Mentoring)

상대방에게 동기를 부여하는 단계에 이르면 그 삶에 좋은 영향력을 줄 수 있다. 그러나 더 강력하고 오래 가는 영향력을 원한다면 다음 단계인 멘토링으로 나아가야 한다.

멘토링이란 멘토가 상대방 멘제의 적성(Aptitude)을 찾아 역량(Competency)을 발휘할 수 있도록 자신의 삶을 쏟아 돕는 것이다. 이 멘토링의 힘은 매우 강력해서 눈앞에서 멘제의 삶이 변하는 것을 볼 수 있다.

멘토는 정열을 쏟아 멘제의 삶의 장애물을 극복하도록 돕고 인간성(Humanity)과 생산성(Productivity) 현장에서 성장하고 발전할 수 있는 방법을 제시하면 결국 삶을 바꾸어 놓을 수 있다.

● Skill 6. 멘제를 성장시키기(Enlarging for Menger)

삶의 가치는 얼마나 오래 사느냐에 있지 않고 어떻게 사느냐에 달려 있다. 오래 살지만 가치 있는 삶을 조금밖에 살지 못하는 사람도 있다. 멘토링으로 성장시킨다는 말은 멘토를 통해 멘제가 주어진 시간을 최대한 잘 활용하고 삶의 질을 높이도록 돕는 것을 의미한다.

제품을 만드는 일과 교회를 세우는 일은 서로 다르다. 왜냐하면 교회는 곧 사람이고 교회에서 나오는 어떤 것도 사람보다 귀하지 않기 때문이다. 사실 우리는 자동차와 비행기, 냉장고, 라디오, 구두끈 등을 만드는 것은 아니다. 우리는 사람을 만든다. 그러면 그 사람이 제품을 만드는 것이다. 곧 멘토링은 사람, 즉 멘제를 성장시키고자 하는 구체적인 투자기법이다.

1) 멘제의 삶의 수준을 높여라

멘제의 재능을 개발하고 새로운 기술을 습득하며 문제해결 능력을 높여 주면 삶의 질과 만족감의 수준이 크게 높아진다. 멘제가 성장하면 반드시 삶의 방식이 바뀌는 법이다. 멘제를 성장시키는 일은 곧 기회를 잡는 것이다. 멘제의 잠재력 개발을 도울 수 있는 기회를 말이다.

2) 멘제의 성공 가능성을 높여라

어떤 직업에도 미래는 없다. 미래는 바로 그 직업을 가지고 있는 멘제에게 있다. 그러므로 성장하는 멘제의 미래는 밝다. 더 넓은 시야, 더 나은 태도, 더 뛰어난 기술, 새로운 사고방식 등을 통한 성장은 더 좋은 성과와 더 나은 삶으로 이어진다. 그리고 궁극적으로 멘제의 성공 가능성이 높아진다.

3) 멘제의 성장 능력을 높여라

멘제의 성장을 돕는다는 말은 일시적으로 도움이 되는 무기나 도구를 제공한다는 말은 아니다. 장기적인 유익을 끼치는 것이다. 좋은 장비를 제공할 뿐 아니라 배우고 성장할 수 있는 능력을 높여 주는 것이다. 일단 성장한 멘제는 어떤 자원이나 기회가 생기든 그것을 최대한 활용할 수 있게 된다. 그리고 더 나아가 그러한 성장이 증식하기 시작한다.

4) 조직의 가능성을 높여라

성장시키고자 하는 멘제가 교회나 학교, 교회, 스포츠 팀, 클럽 등 그룹의 구성원이라면 그룹 전체가 그 구성원인 멘제의 성장으로부터 유익을 얻을 수 있다. 예를 들어 조직 구성원들 대부분이 약간만 성장해도 전체 조직의 수준이 높아진다. 구성원 몇 명이 크게 성장하면 그들의 향상된 리더십의 영향으로 조직의 성장 및 성공 가능성이 높아진다. 이 두 종류의 성장이 동시에 이루어지면 그 조직은 곧 커다란 성공을 거두게 된다.

● Skill 7. 멘제와 항해하기(Navigating for Menger)

멘제의 성장과 잠재력 발휘를 도우면 전혀 새로운 수준의 삶으로 안내할 수 있다. 하지만 아무리 많이 배우고 성장해도 여전히 장애물이 있다. 실수도 하고 개인적·직업적 삶에서 문제에 봉착하게 된다. 누군가의 도움 없이는 헤쳐 나갈 수 없는 상황에 빠질 수 있다.

지치고 짜증나는 사람들로 가득 찬 비행기 여행에서 많은 사람들을 배려하고 불쾌한 상황을 반전시키는 데 주도적인 역할을 하는 사람은 기장을 비롯한 승무원들의 노력 덕분이다.

우리는 이러한 노력을 '항해'(Navigating)라고 부른다. 대부분의 사람들은 삶의 고난을 헤쳐 나가기 위해 도움을 필요로 한다. 이러한 상황과 과정에서 좋은 태도를 가진 한 사람의 멘토 덕분에 우리는 불편함을 잊을 수 있다. 특히 인생의 복잡한 문제가 닥쳐와 어찌할 바를 모를 때 멘토의 도움이 필수적이다.

멘토링은 남이 삶의 목표를 설정하고 혼자 힘으로 나아갈 수 있을 때까지 계속해서 돕는 리더십이 필요하다. 그런 의미에서 사람은 임시방편으로 건널 수 있는

틈이 아니라 목적지까지 항해해야 하는 바다와 같다. 여러분은 남이 항로를 찾고 빙산을 발견하면서 험난한 바다를 헤쳐 나갈 수 있도록 도와야 한다. 최소한 멘제가 올바른 코스를 찾고 스스로 항해할 수 있을 때까지 멘토와 함께 여행을 해야 한다.

● Skill 8. 멘제와 관계 맺기(Connecting for Menger)

멘토링에서 관계 형성은 절대 빠져서는 안 되는 핵심요소이다. 즉 멘제에게 좋은 영향을 미치려는 멘토에게 반드시 필요하다. 남을 위한 항해란 잠시 함께 여행을 해 주면서 삶의 장애물을 극복할 수 있도록 돕는 것이다. 하지만 관계 형성이란 상호유익을 위해 멘제를 자신의 여행에 끌어들이는 것이다.

멘제를 여러분의 여행으로 끌어들이기 전에도 이와 비슷한 일이 벌어진다. 즉 목적지를 확인하고 멘제에게 다가가서 관계를 맺는 것이다. 이 일을 성공적으로 마무리하면 서로의 관계가 더욱 깊어진다. 아울러 멘제를 한 단계 더 발전시킬 수 있다. 기억하라. 한 단계 발전하는 길은 항상 오르막길이므로 멘제에게는 멘토의 도움이 꼭 필요하다.

● Skill 9. 멘제에게 능력(권한)부여(Empowering for Menger)

멘토가 멘제에게 능력을 부여하면 상호 간 향상된 능력으로 일할 수 있게 된다. 하지만 능력을 부여한 사람에게만 유익이 있는 것은 아니다. 능력을 부여받은 사람도 개인 및 직업상 발전에서 최고의 수준에 이를 수 있다. 간단히 말해 능력부여란 개인 및 조직의 성장을 위해 자신의 영향력을 나누어 주는 것이다. 남의 삶에 투자해 최상의 노력을 이끌어 내려는 목적으로 자신의 영향력과 지위, 권력, 기회 등을 나누어 주는 것이다. 또 남의 잠재력을 보고 자신의 자원을 나누어 주며 전적으로 믿어 주는 것이다.

능력부여는 삶을 변화시키고 멘토인 자신과 멘제 모두에게 유익을 끼친다. 능력을 부여하는 일은 자동차와 같은 물건을 멘제에게 주는 일과 다르다. 차를 주면 내가 걷거나 대중교통을 이용하는 불편을 겪어야 한다. 그러나 능력을 주는 일은 정보를 나누는 일과 비슷하다. 즉 전혀 손해를 보지 않고도 멘제의 능력을 높여 줄 수 있는 것이다.

O Step 4. 재생산 단계(Reproducting)

상대방 멘제의 삶에 미칠 수 있는 가장 높은 단계의 영향력은 재생산이다. 재생산이란 멘토가 또 다른 사람 멘제의 삶에 좋은 영향을 미치고, 배운 것에 스스로 터득한 것을 보태 전달할 수 있도록 돕는 것이다. 이 4단계에 이르는 멘토들은 인내가 필요하지만 누구나 가능성이 있다. 이기심에서 이타심으로 관용을 가져야 하며 시간과 노력이 필요하다.

또 사람에 대한 영향력을 높이려면 개인적인 관심과 애정을 가져야 한다. 여러 사람에게 모범을 보이는 단계를 넘어 더 높은 단계의 영향력으로 나아가기 위해서는 각 멘제들과 일일이 협력해야 하는 것이다.

● Skill 10. 멘제를 재생산하기(Reproducting for Menger)

멘토링이란 멘토와 멘제가 일정 기간 동안 달리는 항해라고 볼 수 있다. 이 과정의 마지막 단계에서 멘토는 멘제와 함께 달리는 법을 배운 셈이다. 멘토는 진실성의 모범을 보이는 일이 얼마나 중요한지 알고 있다. 그리고 양육, 남에 대한 신뢰, 귀를 기울이고 이해하는 자세를 통해 동기를 부여할 수 있게 되었다.

또 멘토링을 통해서만 멘제가 진정으로 성장할 수 있다는 점을 알고 있다. 즉 성장시키고 함께 인생의 어려움을 극복하면서 항해하고 관계를 맺고 능력을 부여해야 한다. 이제 멘토는 뛰어난 주자가 되었다. 아울러 멘제를 멘토링했으면 또 한 명의 뛰어난 주자가 탄생한 것이다. 이제 배턴을 넘길 때이다.

하지만 멘토인 당신도 또 다른 주자에게 배턴을 넘기지 않으면 경기는 끝나고 만다. 즉 재생산의 기회를 놓치고 만다는 것이다. 배턴을 받지 못한 그 주자는 뛸 이유를 상실하고 그와 함께 운동력도 사라진다. 그것이 영향력 있는 사람이 되기 위해서 재생산 단계가 매우 중요한 이유이다.

멘토링에서 인재 재생산의 의미는 멘제를 멘토로 세우는 일이다. 아래 도표 [William Gray 교수(加 브리티시대) 제공]를 통해 멘토와 멘제의 관계 발전에서 멘토링 활동의 순환적인 재생산을 이해할 수 있다.

M→	Mp→	MP→	mP→	P→

정보 제공형	안해형	상호 협력형	확인형	재생산 달성
양육해 주는 유형		능력을 부여하는 유형		인재 재생산 유형

Mm - 멘토 표시   Pp - 멘제 표시(Protege - 원어)

오늘날의 멘제는 성공을 거두기 위하여 멘토로부터 양육을 받고(Nurturing), 능력을 부여받는 것(Empowerring) 두 가지가 필요하다. 멘토들은 유연성 있는 방식인 '4가지 멘토링 유형'을 사용하는 것을 배움으로써 두 종류의 도움을 줄 수 있다.

인류역사를 통한 전통적인 멘토링 패러다임은 '멘제에게 지혜를 전수해 주고, 조언을 하고, 안내자였던 사람'으로 멘토를 정의한다. 이러한 사전적 정의는 '멘토가 주인'이라는 사고에서 비롯되었으며, 어떤 분야에 있어서 대부분의 사람들에 대한 지식의 원천일 때만 성립된다. 멘토의 역할은, 멘토가 알고 있는 지식으로 멘제를 세우는 것이었다. 그래서 멘제도 그 지식을 잘 알게 되는 것이다. 이러한 것은 종종 멘토의 복제품인 멘제를 만드는 결과가 되기도 하였다.

오늘날 제도적 멘토링(Systematic Mentoring)에서의 멘제는 과거의 멘제보다 훨씬 교육도 잘 받고, 좀 더 다양한 삶을 살아왔으며, 직업적 경험도 많다. 그럼에도 불구하고, 그들은 여전히 멘토의 경험으로부터 얻은 실무적 노하우와 지혜로 세움 받기를 필요로 한다. 왜냐하면 이러한 것들은 혼자서나 연수과정을 통해선 적절하게 학습될 수 없기 때문이다.

오늘날의 멘제는 또한 그들의 꿈과 열정을 추구할 다양성, 창의성, 아이디어 및 독창력을 발휘할 능력을 받을 필요가 있다. 이것은 조직(교회 등)이 멘토링 프로 그램을 후원하여 멘제들이 혁신적으로 조직에 공헌하도록 함으로써 가능하다. 이 와 같은 멘토링 인재개발기법으로 조직은 급변하는 경쟁세계 속에서 정체되거나 진부화되지 않고 인재 재생산을 통하여 인재경쟁력 확보를 할 수 있다.

제4장
멘토개발 지원

멘토 동기부여 차원에서 지원은?

1) 정규업무를 다루면서 멘토링 특수 활동을 하게 되므로

2) 특히 멘토는 CEO를 대신해서 질(質)관리 인재개발을 책임지므로

3) 사람은 칭찬을 통하여 잠재역량개발을 촉진하게 되므로

   동기부여 지원이 필요하다.

1. 제도적 차원 동기부여

1) 멘토링 동기부여 필요성

(1) 정규업무를 다루면서 멘토링 특수 활동을 하게 되므로

(2) 특히 멘토는 CEO를 대신해서 질(質)관리 인재개발을 책임지므로

(3) 사람은 칭찬을 통하여 잠재역량개발을 촉진하게 되므로

   동기부여 가 필요하다

2) 동기부여 방법

(1) 물질적(物質的) 동기부여: 교육비, 활동비, 상금 등의 물적 지원

(2) 정신적(精神的) 동기부여: 인사고과, 진급, 보직 등에 반영

(3) 인정적(認定的) 동기부여

① 작은 사장(Small CEO)의 위치로 인정해 주고 멘토링데이를 선포하여 활동을
   양성화

② 멘토링 종료 시 멘토인증서를 수여

3) 멘토풀센터(Mentor Pool Center)제도

멘토는 멘토링에 관한 상당 수준의 지식을 가지고 있어야 하며 특히 남다른 사명감이 필요하다. 그러므로 멘토를 1회용 소모품의 개념으로 다룰 것이 아니라 조직에서 투자의 개념으로 지원해 주어야 한다. 멘토풀(Mentor Pool)이라는 전담기구를 통하여 멘토를 선발하고 양성하고 지원하고 재충전하고 사후관리 등을 체계 있게 해 주는 것이다.

그로 인하여 멘토를 조직 내 인재 개발 전문인력, 부하육성의 필수요원, 그리고 핵심 인재개발 대상으로 업그레이드함으로써 멘토링 활동에 열정을 갖고 멘제를 멘토로 재생산하는 데 최선의 노력을 경주할 것이다.

4) 멘토링 활동 평가제도

멘토링 활동에서 평가제도는 필수적이다. 이 평가제도를 통하여 멘토는 자부심과 함께 책임감도 느끼게 됨으로써 멘토링 활동에 남다른 몰입도를 가질 수 있다.

5) 멘토링 주간 이메일링 서비스제 시행

멘토링 도입 Workshop 과정에서 상당히 멘토링 활동에 적극성을 갖다가 3개월 지나면 대부분 열기가 식어진다. 이를 사전에 방지하는 것이 주간 멘토링 명상록 서비스다. 명상록을 통하여 심리적으로 격려되고 부수적으로 멘토링 학습, 기법, 사례, Q&A 등의 자료를 주간으로 접하게 됨으로써 계속 멘토링 활동이 활성화된다.

6) Cyber Mentoring System

멘토링 활동은 멘토와 멘제의 공동체다. 그러므로 상호 활동 사항에 관하여 궁금하게 생각하고 서로가 잘한 점에 대하여 본받기를 기대한다. 멘토링 홈 페이지나 카페는 이러한 공동체의 분위기를 지원하면서 쌍별로 모범 사례를 공개하여 선의의 경쟁을 유발하도록 지원하면 효과적이다. 특히 월간·계간에 필요한 보고

서와 점검사항을 카페를 통해 접수하는 한편 월등히 잘하는 멘토나 멘토링 쌍은 공개적으로 시상하는 것이 효과적이다.

2. 업무적 차원 동기부여

1) 조직의 분명한 활동목표 설정 제시

멘토에게 조직에서 활동목표를 설정하는 것이 우선순위다. 왜냐하면 멘토를 비롯한 멘토링 참여자에게 분명한 책임의식과 목표의식을 심어 주기 위한 것이며 아울러 조직에서 멘토링을 추진하기 위해서는 투자에 상응하는 생산성 측정을 염두에 두고 목표관리를 반드시 해야 하기 때문이다.

어떤 방법으로 목표를 설정할 것인가? 우선 조직 내 환경분석을 실시한 후 취약한 부문, 문제부문을 염두에 두면 된다. 예를 들어 이직률이 심하다면 '신입사원 정착멘토링', 경력부문이 취약하다면 '경력개발 멘토링', 노사 간 문제는 '노사화합 멘토링' 등으로 설정한다.

그러한 후에 활동목표별로 미팅이 이뤄지도록 지원하며 지속적으로 일정기간 예를 들어 12개월 등에서 과정별로 주간·월간·계간에 활동 촉진 프로그램을 적용하는 것이다.

2) 도입 선행 5가지 조건 제시

멘토링은 조직의 정규업무와 별개의 특수업무로 볼 수 있다. 가장 좋은 운영시스템은 TF Team이다. 특히 멘토링 활동은 멘토의 자생력으로 진행이 바람직스럽기 때문에 조직에서는 분명한 방향 설정을 제시하고 그 후로 멘토와 멘제가 상호 간 협력해서 진행하면 된다. 멘토링 활동 전에 멘토에게 아래 사례와 같은 5가지 도입 선행조건을 필히 제시하는 것이 바람직스럽다.

[5가지 선행조건 모델]
  ○ 활동목표: 신입사원 멘토링(또는 노사화합, 경력개발 등)

○ 활동기간: 12개월

○ 활동始終: 2008. 1. 1.~2008. 12. 31.

○ 멘제 그룹기준: 신입사원 30명(또는 신입 6개월 미만인 자 등)

○ 멘토 그룹기준: 선배사원 30명(또는 2~5년차 선배사원)

3) 결연식/종료식 격식차려 지원

멘토/멘제의 결연식은 멘토링도입 Workshop 기본교육을 마치고 별도의 시간으로 단위 조직에서 주관하여 진행한다.

쉽게 생각하면 남녀 결혼식을 염두에 두고 격식을 갖춰 격려 차원에서 진행한다고 생각하면 된다. 가능한 CEO가 참석해야 하나 그렇지 못할 경우 반드시 임원 정도에서 격려사를 하는 순서를 진행하도록 한다.

종료식은 멘토링 활동기간 종료시점에서 그동안의 활동 참여자들에게 격려와 포상 차원에서 진행한다.

[결연식 순서 모델]

1	개회사	사회자
2	멘토/멘제 선서	사회자 담임목사
3	격려사	담임목사
4	사진촬영(담임목사와 함께)	사회자 담임목사
5	만찬	사회자

3. 인사적 차원 동기부여

멘토링 동기부여 중에서 가장 매력을 느끼는 부문이 인사체계와 연결하는 것이다. 이 부문은 조직의 CEO의 멘토링에 관한 관심도를 엿볼 수 있는 대목이다.

국내 멘토링에서는 과거 멘제 시절의 경험이 없는 멘토의 입장은 대부분 첫 출발할 때 선발된 의식보다는 시간적인 면에서 피해의식과 업무 면에서 이중부담의 염려를 가지고 있다.

이러한 상황에서 뚜렷한 동기부여 없이 멘토링을 진행하게 되면 상당 기간 동안 약간의 거부의식에서 멘제와 미팅이 이뤄지고 멘토링에의 몰두가 지장을 받게 된다.

그러므로 조직에서는 멘토링에 참여하는 멘토가 첫 출발부터 망설이지 않도록 멘토링에 참여하지 않는 동료 직원과 인사체계상에서 분명한 차별 대우를 해 줌으로써 명분 있게 멘토링에 전념할 수 있는 계기를 만들어 주어야 한다.

1) 인사고과 평가 시 가점 반영

멘토링에 참여하는 멘토를 활동기간, 전문교육수강, 우수멘토수상 등을 고려하여 정기적인 인사고과 평가 시 일정한 점수를 가점하여 동기부여를 해 주는 제도다.

2) 연봉 책정 시 상향 조정 반영

멘토는 정규업무와 멘토링이라는 두 가지 면에서 조직에 기여하는 것이다. 이러한 상황을 참작하여 연봉 협상 시 일정금액을 가산하여 동기부여 해 주는 것이다.

3) 진급심사 평가 시 가점 반영

멘토로의 활동은 조직에서 자연스럽게 중간 지도자로서 역할을 수행할 기회를 갖게 되고 특별히 부하육성이라는 리더십을 인정받게 된다. 조직 입장에서는 이기주의가 팽배한 조직문화에서 타인을 배려해 주는 멘토를 긍정적으로 평가해 주어야 한다.

이러한 인재개발에 앞장서는 멘토를 어느 직원보다도 진급 심사 시 가점을 주어 동기부여 해야 한다.

참고로 GE그룹에서는 1999년 진급자의 80%가 멘토의 도움을 받았다. 멘토의 공로를 인정해 주어야 할 당위성이다.

4. 활동적 차원 동기부여

1) 교육수강 지원

멘토가 멘제를 일정 기간 동안 인재개발의 책임을 맡고 활동하게 될 때 제일 우려하는 점이 멘토링에 관한 올바른 이해와 멘토로서 어떤 역할을 할 것인가이다. 그 다음으로 염려가 되는 것이 미팅 시 어느 소재를 가지고 의논할까이다.

이러한 의문과 염려를 풀어 주는 것이 멘토에 관한 교육수강 지원이다. 사실 멘토에게는 아마추어보다는 멘토링 전문가로서 교육수강이 필요하고 단순히 멘제 한 사람을 담당한 차원에서 머무를 것이 아니라 회사 중간 지도자를 양성하는 차원과 핵심인재로 개발한다는 적극적인 인재전략 차원에서 검토하는 것이 효과적이다.

2) 월 활동비 지급

멘토링을 조직에서 인재개발 차원에서 정식으로 도입이 이뤄질 때 반드시 고려해야 할 점이 경비부문이다. 멘토링 활동이 공식적인 조직의 활동으로 인정을 받을 때 멘토/멘제의 활동비 지급은 공금으로 지원이 당연하다. 혹자는 멘토링은 상호 협약으로 무료 봉사를 주장하는 사람도 있다. 사회 멘토링에서는 비영리 재단에서 기부금으로 운영하는 상황에서 멘토의 무료봉사나 또는 멘토가 일정 경비를 부담하는 경우도 있다.

그러나 조직의 필요에 의해 멘토/멘제를 선발하고 조직의 고유업무인 인재개발이라는 분명한 목표로 멘토링 활동이 진행된다고 볼 때 투자의 개념에서 일정 경비를 지원하고 최종 평가를 통하여 회수와 생산성에 관한 점검이 이루어져야 한다고 생각한다.

특히 멘토, 멘제의 월(月) 활동비 지원 기준은 먼저 미팅 주기를 주간, 월간 등 몇 회로 할 것인가가 기준이 된다. 주 1회를 미팅 주기로 볼 때는 멘토링 쌍당 100,000원 이상은 되어야 한다고 본다.

3) 멘토링데이(Mentoring Day) 공시

멘토링이 아직은 국내에서 생소한 인재개발 기법으로 인 됨으로 먼저 도입한 조직에서 상당한 비토 세력에 의해 어려움을 겪고 있는 실정이다. 모처럼 멘토링을 도입하여 이러한 분위기가 도를 넘을 때 멘토/멘제의 활동은 위축되어 효과가 반감된다 그러므로 멘토링 도입 전에 간부급들에게 기본 특강으로 긍정적 분위기를 유도하는 것이 필요하다. 특별히 멘토/멘제 개인 활동을 양성화하기 위하여 CEO 결재를 얻어 주 1회 특정 요일을 멘토링데이로 선포하여 미팅을 공개하는 것이 활성화 계기가 된다.

4) 그랜드 미팅(Grand Meeting) 시행

멘토링은 멘토/멘제의 자발성이 무엇보다도 중요하다. 멘토링 활동 기간 중 분기별로 멘토링 전체 쌍, 즉 그룹 활동 차원에서 보수교육, 토론회, 격려회식, 야유회 등으로 자발성을 고취하는 기회를 갖게 한다. 이때는 CEO의 동참이 가장 큰 효과적이다.

5. 진흥대회 동기부여

멘토링 활동 기간 중 중간지점이나 최종 종료 시에 멘토링 활동에 우수한 자나 기타 공로자에게 시상을 하여 격려하고 차기 멘토링에 기대를 갖게 하는 동기부여 제도다.

먼저 진흥대회는 활동 중 우수 멘토를 선발하여 실제 발표토록 하고 멘토링 쌍 중에 우수 쌍을 선발하여 역시 발표토록 하여 멘토링 열정에 관심을 높이는 계기로 삼게 한다.

특별히 활동 기간 중 멘토링에 관하여 느낀 점이나 미팅 사례 등을 수기로 남길 수 있도록 하여 차기에 참고자료로 활용하면 효과적이다.

이러한 행사를 진행하면서 우수한 자에게 차등으로 포상금이나 포상휴가, 포상 해외 여행 등으로 지원하면 마지막 마무리를 인상 깊게 해 주고 차기 멘토링 활동에 기대를 갖게 할 수 있다.

1) 멘토링 활동 진흥대회
① 우수 멘토 활동 선발 진흥대회
② 우수 멘토링쌍 활동 선발 진흥대회

③ 멘토링 활동 멘토/멘제 우수 수기선발 진흥대회

2) 멘토링에서 우수 활동자 선정 포상
① 우수 멘토 시상금 - 1등, 2등, 3등 선발(월 계간 활동결과)
② 우수 멘토링쌍 시상금 - 1등, 2등, 3등 선발
③ 우수 수기 당첨자 - 1등, 2등, 3등 선발

6. 인증제도 동기부여

멘토를 동기부여 하는 데 쉽게 물적 및 자금적 지원을 생각하게 된다. 당연히 생각해야 할 사항이다. 그러나 그것에 머무른다면 잘못 낮은 차원의 지원에 머물러 오해의 여지도 생길 수 있다. 멘토 인증제는 특히 차원 높게 정신적 부문에 동기부여를 제공하는 것이다. 멘토로서 조직 내에서 리더십으로 인정받으면서 인성 분야의 평가자료로 활용하면 멘토가 크게 고무되는 상황이 될 것이다.

[멘토인증 기준표]

인증부문	배점 기준	인증점수	기대점수	비고
교육수강	* 정규교육 시간당 - 1점 Silver Course - 20시간 Gold Course - 40시간 Diamond Course - 60시간 주간 이메일학습 6월 - 6점 성적 우수 자 1회 - 5점		70	4~60시간 선택 가능
멘토활동	* 미팅횟수 월당 - 4점 * 활동유지 월당 - 4점 친목활동 경조활동 학습활동 봉사활동 체력단련 문화활동		100	12개월 기준
활동평가	* 종합평가 내역 - 최종 위원장 평가 자기 진단도구 작성점검 - 1점 Star Game 작성 점검 - 1점 우수 멘토 선정 - 2점 우수 멘토링 쌍 선정 - 2점 모니터 및 매니저 설문 평가 - 2점 멘제의 설문 평가 - 5점		30	12개월 기준
종합인증			200	

제5장
멘토개발 관리

1. 멘토 풀 센터 운영

1) MPC 의미

MPC는 'Mentor Pool Center'의 약자로서 멘토링 활동에서 성공 여부를 좌우하는 멘토(Mentor)를 양성, 관리, 활동의 활성화를 주관하는 교회 멘토링 전담기구를 말한다.

2) MPC 운영목적

멘토의 특수성을 살려 활성화 대안을 마련하고 체계 있게 관리하여 교회의 성장을 유도하는 데에 목적이 있다.

① 특수성을 살린다.

② 활성화 대안을 마련한다.

③ 체계 있게 관리한다.

④ 교회성장을 기도한다.

3) MPC의 위치

교회 내 멘토링 위원회 소속에서 멘토링을 적용하는 팀에서 멘토링을 수행한다.

멘토링위원회
지원팀
교육팀
현장 도입팀
MPC

4) MPC 구성원

교역자나 직분자 1명과 보조원 약간 명으로 하여 멘토링 사역을 원하는 우수 멘토 중에서 선발하여 구성한다.

2. 센터에서 멘토 관리 8단계

교회의 상황에 따라 멘토의 기준을 설정하여 멘토 풀에 등록하고 등록된 멘토를 대상으로 교육·훈련시키면서 항상 멘토를 체계적이고 전문적으로 관리할 수 있도록 한다.

1) Step 1. 멘토 자격기준 설정

① 멘토로서 가장 적절한 덕목이 무엇인지를 각 교회의 문화 등을 고려하여 선정한다.

② 멘토의 자격 기준은 일반자격/업무(전문)자격으로 구분하여 기준을 설정한다.
　－Attributes/Antecedents/직책/전문분야/기타 특성 등

2) Step 2. 멘토 그룹 선정 － 풀에 등록

(1) 멘토로서의 자격기준을 평가하고 멘토 그룹을 선정하여 멘토 Pool에 등록한다.

(2) 멘토는 기술/업무/전문분야별로 구분하여 관리한다.

(3) 멘토 선발 특성

① Aged(나이)－이왕이면 나이가 든 사람이 좋다.

② Careered(신앙경력)－이왕이면 신앙 경력이 많은 사람이 좋다.

③ Knowhowed(노하우)－이왕이면 노하우를 가지고 있는 사람이 좋다.

④ Leadershiped(직분자 리더십)－이왕이면 직분자로 봉사자가 좋다.

⑤ Personalityed(인격)－이왕이면 인격을 갖춘 사람이 좋다.

교회의 상황에 따라 멘토의 기준을 설정하여 멘토 풀에 등록하고 등록된 멘토를 대상으로 교육·훈련시키면서 아래 8단계(Step)에 따라 전문적으로 관리한다.

(4) 멘토 선발 기준

① 멘토는 한 개인을 지원하고 그 사람의 성장에 관여하는 사람이다. 구체적으로 멘제의 인간가치를 업그레이드시키는 사람이다.

② 멘토는 상위 직분자로서가 아닌 한 사람으로서 멘제 개인을 염려한다.

③ 멘토는 멘제 한 개인의 신앙만이 아닌, 삶의 전반적인 발전을 돕는다.

④ 멘토는 권한이나 권력을 기반으로 하는 관계가 아닌, 특수 관계를 멘제와 맺는다. 멘토는 멘제의 말을 경청하고 질문을 받고 나서야 조언을 한다. 개인적인 판단이나 비난을 배제한 뒤 멘토의 조언이 이루어질 것이다.

⑤ 멘토는 무엇보다도 인간관계에 초점을 맞춘다. 멘토가 멘제와 맺은 관계에는 어떠한 사적인 이권이나 멘제에 대한 위기적인 사항도 있어서는 안 된다. 멘제 개인의 발전을 바라며, 애초에 멘제의 편에서 관계가 시작되기 때문이다.

⑥ 멘토는 신뢰받는 친구이자 선생님이며 안내자이고 역할 모델이다. 멘토는 멘제에게 전달하고자 미리 준비된 지식을 소유하고 있는 전문가이거나, 적어도 직분자 지위에 오른 사람이고, 주변 교인들에 의해서도 그렇게 인정받는 사람이다.

⑦ 멘토는 본래 멘제의 특성과 잠재력을 개발하며, 경쟁이 아니라 도와주는 존재다. 멘토는 인내심을 가지고 자신을 돌보는 멘제에게 도전하도록 권하며, 나름의 견해를 가지고 열의를 보여 준다. 또한 미래에 대한 포부를 가지고 있으면서도 현재의 명확한 초점을 유지한다.

⑧ 멘토는 자신이 선택한 교회에 소명의식을 가지고, 교회를 사랑한다. 동시에 교회의 취약점을 인정하고 멘제가 그 취약점에 대처할 수 있게 건설적으로 도와준다.

(5) 멘토 선발 방법

① 지원제: 본인이 지원하고 교회 멘토 추천위원에서 심의하여 선정하는 방법으로 가장 좋은 방법이다.

② 추천제: 부서원이나 교회 부서장, 기관장이 추천하여 심사를 거쳐 결정하는 방법이다. 가능한 한 부서원의 무기명 투표로 결정하는 방법이 부서장이 직접 추천하는 것보다는 효과적이다.

③ 임명제: 1과 2로 선발이 어려울 때 가장 비효율적인 방법으로 문서 임명으로 선발하는 것이다. 이는 타의에 의한 방법이므로 가능한 한 피하는 것이 좋다.

위 3개 항목으로 선발되는 과정에서 특히 추천위원에서는 교회 인사평가 자료를 참작하여 가장 우수한 직분자를 멘토로 최종 선발하는 것을 잊지 말아야 한다.

(6) 멘토 선정 체크리스트

① 리더십을 발휘할 수 있는 자신이 있는가?

② 일 중심보다는 사람 중심의 행동 형태인가?

③ 경청과 지도 모두 가능한가?

④ 교회에 관한 지식과 경험이 있는가?

⑤ 교회 내에서 직분자로 있는가? (집사, 권사, 장로, 교사, 구역장, 성가대원 등)

⑥ 멘제와 다른 분야에서 성공경험이 있는가?

⑦ 교회 밖에서도 발이 넓고 칭찬의 대상이 되는가?

⑧ 자신의 전문업무 외에서도 성장을 지원할 생각이 있는가?

⑨ 팀워크를 다져 멘토링을 수행할 수 있는가?

⑩ 위험하다고 생각될 때 인내력을 발휘해서 지켜보는 도량이 있는가?

3) Step 3. 멘토 양성

① 멘토로 등록된 사람들을 각 단계별로 교육·훈련 프로그램을 작성하여 훌륭한 멘토로 개발한다.

② 멘토의 교육·훈련은 멘토로서의 자질, 소양, 자세, 전문분야를 주제로 관련 교육(멘토링 원리, 멘토의 역할, 멘토리더십, 멘토/멘제 기술, 인재개발 게임, 사례연구 등)을 철저히 실시한다.

4) Step 4. 멘토 그룹 활동

① 멘토/멘제의 활동기간을 6개월, 12개월, 24개월 등으로 명시한다.

② 멘토/멘제의 주간 미팅 등 개인 활동에 관한 프로그램을 제공한다.

③ 멘토/멘제가 전원이 활동하는 그룹에 특별 프로그램을 제공한다.

5) Step 5. 멘토 그룹 평가

① 멘토 Pool에 등록된 요원들을 수시로 '멘토 자생력 개발 진단도구' 등으로 평가하여 멘토로서의 진정한 자격 여부를 항상 확인한다.

② 평가결과 부진한 부분을 재교육하고, 자격 미달의 경우 차기 멘토링 활동에서 제외한다.

6) Step 6. 평가 기준 설정

① 멘토링 프로그램 종료 후 또는 멘토 Pool에 등록되어 있는 동안에 실시할, 각각 멘토와 멘제의 평가기준을 마련한다.

② 멘토/멘제의 인격지수개발(Star Game) 등을 채택하여 성장성/종합평가 기준을 마련한다.

7) Step 7. 평가 실시

① 평가기준에 의하여 멘토와 멘제를 평가한다.

② 평가목표는 멘토 및 멘제에 대한 보상(직분)과 멘토의 자격성 및 교회 직분

자 선발에 반영할 자료를 위한 것이다.

8) Step 8. 보상 시스템 구축

(1) 멘토링에 의한 보상 시스템을 만들어 멘토링을 교회는 물론 자신의 성공을 위한 모티브로 활용토록 한다.

(2) 멘토링 결과를 직분자나 교회 봉사자 선발에 반영하는 경우 그 체계를 만든다.

(3) 멘토 활성화 지원 7대 기능

① 모니터링(Monitoring) 기능: 멘토가 어떻게 일하는지 Check List를 가지고 멘토링활동 기간에 계속 지켜본다. 그리고 그가 어떻게 일하고 있는지에 대해 피드백을 주자. 가능한 한 많은 칭찬을 하라. 그리고 새로운 멘제와의 관계에 대해 어떻게 느끼고 있는지, 어떤 좌절감이나 제안이 있는지에 대해 물어보라.

② 의견조사-리서치(Research) 기능: 교회구성원의 의견조사(Research)는 멘토링 활동의 중요한 영역에 있는 교회 구성원들의 태도나 의견에 관한 정보를 모으는 것이다. 이러한 조사결과가 교회 구성원들과 함께 공유되고, 교회를 변화시키는 기초로 사용될 때는 훨씬 효과적인 커뮤니케이션 개선방안이 될 수 있다.

③ 제안(Suggestion) 기능: 제안제도(Suggestion system)란 교회 구성원의 제안을 활성화하기 위하여 곳곳에 제안함을 설치하여 교회에 도움이 되는 제안에 대해서는 포상하는 제도이다.

④ 민원조사원-옴부즈맨(Ombusman) 기능: 옴부즈맨(Ombusman)이란 민원조사원을 말하는 것으로서 스칸디나비아에서 주로 사용되어 온 제도이다. 이는 행정기관으로부터 인권침해나 부당한 대우를 받은 사람에게 분노의 배출구를 제공한다는 개념에서 비롯되었는데, 옴부즈맨제도(Ombusman system)란 교회에서 구성원의 불만사항이나 고충을 처리해 주는 사람을 두는 제도이다.

⑤ 멘토임원-매니저(Manager) 기능: 멘토임원제란 젊은 구성원들의 참신한 아이디어나 건설적 제안을 발굴해 교회운영에 반영하는 한편, 실무직원의 의견을 여과 없이 상부층에 전달하는 시스템을 제도적으로 확보함으로써 상향적 커뮤니케이션의 기반을 조성하고, 그들이 여러 분야에 대한 경험과 지

식을 습득하게 하여 궁극적으로 지도자적 자질을 갖춘 인재를 양성하는 목적을 갖는 제도이다.

⑥ 의견조정자－코디네이트(Coordinate) 기능: 교회 내의 의견을 조정하는 자를 둠으로써 상향적 의사결정이 누락, 왜곡되는 것을 방지하거나 과다한 정보에 관한 우선순위를 결정하는 것과 같은 조정업무를 맡길 수 있다. 교회는 또한 의사결정 전문가들을 채용하여 그들이 의사전달체계를 개선하고 교회 구성원에게 의사전달에 관한 훈련을 실시하도록 할 수 있다.

⑦ 역할 모델링 기능: 역할 모델링(Role Modeling)은 멘토링에서 멘토가 모범적인 역할 행동을 보여 줌으로써 멘제가 그 행동을 모델로 하여 따라 할 수 있도록 하는 것으로서 百聞이 不如一見이라는 말처럼 교회 구성원들에게 직접 보여 주는 커뮤니케이션 방법이다. 이러한 역할 모델링은 구성원 간의 역할을 모델화함으로써 역할 모델 모호성이나 역할 갈등을 제기할 수 있다. 멘토의 기준을 설정하여 멘토 Pool에 등록하고 등록된 멘토를 대상으로 교육·훈련시키고 Benchmarking하여 항상 멘토를 관리한다.

멘토링
목회
리더십

초 판 인 쇄 | 2011년 4월 28일
초 판 발 행 | 2011년 4월 28일

지 은 이 | 류재석
펴 낸 이 | 채종준
펴 낸 곳 | 한국학술정보㈜
주   소 | 경기도 파주시 교하읍 문발리 파주출판문화정보산업단지 513-5
전   화 | 031) 908-3181(대표)
팩   스 | 031) 908-3189
홈페이지 | http://ebook.kstudy.com
E-mail | 출판사업부 publish@kstudy.com
등   록 | 제일산-115호(2000. 6. 19)

ISBN   978-89-268-2160-2 03320 (Paper Book)
         978-89-268-2161-9 08320 (e-Book)

이담 Books 는 한국학술정보(주)의 지식실용서 브랜드입니다.